自分で考えて生き抜く力をもつ子に育てるコツ

子どもの自己肯定感を高める

接し方 声のかけ方

本多 優子 Yuko Honda

ソシム

はじめに

どんなに子どもを愛していても、子育ては苦労の連続です。私はいつも笑顔でやさしい母親になることを夢見ていましたが、現実は天と地ほどの差がありました。子どもにはルールを教えなくてはいけませんし、勉強もさせなくてはいけません。子どもを想ってのことですが、結局怒ってしまったりしてうまくいきませんでした。もし、しつけや勉強をしっかりと学び、自立した子どもに育ってほしいのであれば、たった1つ必要なものは「**自己肯定感**」です。

現在、私は「認定子育てハッピーアドバイザー／マイスター」として、子どもの自己肯定感を育むための研修・講演をしています。本書ではその講演でお話する内容や、よくお受けするご相談内容などをもとに執筆しました。

困難に直面し、そのまま倒れてしまう子どもと立ち上がって何度でもやり直せる子どもの違いは、**心の土台である自己肯定感が育まれているかどうか**の違いです。子どもの自己肯定感が育まれていれば、何事にもチャレンジする意欲がわくのです。

本書は全5章で構成しています。

第1章では、自己肯定感の正しい意味と自己肯定感を育むことが大切な理由をお伝えします。第2章では、「ついやりがちな子育て」をもとに「子どもが自立するために試してほしい子育てのルール」を解説します。第3章では、「子どもの自己肯定感を育むための接し方や声のかけ方」を例を交えてわかりやすく説明します。第4章では、子育てでイライラしないためのアンガーマネジメントのコツを存分に込めました。第5章では、「上手なほめ方・叱り方」の実例を多く載せています。

ご自身のお子さんの年齢と合わない部分もあるかもしれませんが、**それらのシーンで伝えたい本質は年齢が違っても同じ**です。

何があっても立ち上がり、自分で生き抜ける自己肯定感のある子がたくさん増えますように――。そんな願いを本書に込めました。本書が自己肯定感を高める子育てのヒントになれば嬉しいです。

2021年7月28日

本多優子

目次

子どもの自己肯定感を育むのはなぜ大切か？
～子どもが自分で考え、生き抜く力をもつために親ができること～

Chapter 2

子どもが自立するために試したい子育てのルール

~子どもが自立するために親が試してほしい4つのこと~

Chapter 3

子どもの自己肯定感を育む接し方・声のかけ方

~子どもの自己肯定感を育む6つの方法~

Chapter 4

子どもがのびのびと育つための心のコントロール方法

～アンガーマネジメントのコツ～

子どもが自立する上手なほめ方・叱り方

Chapter 1

子どもの自己肯定感を育むのはなぜ大切か？

～子どもが自分で考え、
生き抜く力をもつために親ができること～

「自分で考え、生き抜く力」は自己肯定感から生まれる

「自己肯定感」という言葉に対する誤解

まずは、「自己肯定感」という言葉について説明したいと思います。

よく聞く言葉ですが、自己肯定感という言葉だけが一人歩きしてしまい、本来の意味が失われてしまっている、または誤った意味で伝わっていると感じることが多くあります。

自己肯定感という言葉にいいイメージをもっている人、わるいイメージをもっている人、なんとも思わない人、感じ方は人それぞれです。ただし、わるいイメージをもっている人の多くが、以前の私と同じように自己肯定感に対して誤解や間違った解釈をしています。

私はオンライン研修をする場合、その場でアンケートをとることが多いのですが、「自己肯定感に対してわるいイメージがある」と答える方が必ずいらっしゃいます。

それらの方々にお伺いすると、「自己評価の高い人のイメージ」「プライドが高そう」「俺様っぽい感じ」という答えが返ってくるのです。これこそが自己肯定感という言葉が一人歩きしてしまったと感じています。

本当の自己肯定感とは何か？

本当の自己肯定感とは、**「自分は大切な人間だ」「自分は生きていていいんだ」と無条件に思える気持ちのこと**です。

周りからの評価や条件つきで自分を肯定している人は、プライドが高そうに見えたり、自己評価が高い人に見えるかもしれませんが、周りからの評価などで自分を肯定している場合、それは自己肯定感ではありません。

「頭がいい」「スポーツができる」「○○に秀でている」といった評価や条件つきではなく、ただただ**自分自身を無条件にまるっと受け入れることができること**を指します。

その気持ちこそが、自分で考えて生き抜く力を生み出していきます。

自己肯定感があれば、チャレンジする意欲がわく

では、なぜ自己肯定感が「自分で考え、生き抜く力」を生み出すのかというと、自己肯定感があれば、他者評価に頼らず自分の思いで行動できるようになり、**他者からの評価のためにあきらめたり、制限をすることなくいろいろなことにチャレンジできるようになる**からです。

逆に、自己肯定感が低い子どもは周りの目を気にします。「どうせまたダメだろう」「どうせまた怒られるだろう」と、自分の気持ちではなくまず周りの大人の反応を気にするのです。

そして、「○○ができなければ認めてもらえない」「○○でなければほめてもらえない」と、**外側からの評価で自分を認めようとします**。

その場合、対応できているうちはいいのですが、周りの大人が求めるものに応えられなくなったときに、「○○ができない自分なんていらない人間」「○○を失敗した自分は存在価値がない」と思うようになります。それが続くと、「自分はダメな人間だ」「自分なんていないほうがマシだ」「どうせ無理」と思うようになるのです。

「大切な存在だよ」と伝えることが重要

そんなふうに思っている子どもたちが、「ルールを守ろう！」「勉強をがんばろう！」「○○にチャレンジしてみよう！」という気持ちには絶対になりません。「自分なんて存在価値がない」「いらない人間」と思っているからルールを守らないし、勉強だってやる気が起きないのです。

結果や評価で認められ続けた子どもは、自分ではなく外側の評価でしか自分を認めることができなくなってしまいます。評価や結果にかかわらず、**その子自身の存在を**

認め、「あなたは大切な人間だよ」「あなたは生きているだけで尊い存在だよ」ということを伝えなくてはいけません。

それらが子どもに伝わっていれば、たとえ間違っても失敗しても、「自分なら大丈夫」「またがんばろう」と思うことができるのです。そして、子どもは自分を否定しなくなり、「自分はダメな人間だ」「自分なんていらない人間」という気持ちは生まれなくなっていきます。

「自分は大切な人間だ」と思えている子どもは、何があっても自分を大切にできますし、自分を大切にできる子どもは周りの人を大切に思うことができます。

その好循環によってやる気や意欲がわくようになり、いろいろなことにチャレンジし、失敗してもまたトライできる心を育んでいきます。

ポイント

■自己肯定感は、自分自身を無条件にまるっと受け入れられること
■自己肯定感があれば、周りに制限されずにチャレンジする意欲がわく

問題行動を起こす子どもは困っているだけ

問題行動を起こす子どもの共通点

「困った子」「問題行動を起こす子」といわれる子どもに共通してみられるのが、**「どうせ自分なんて」という気持ちをもっていること**です。

ある小学校低学年の男の子は、「落ち着きがない」「先生の言うことが聞けない」「授業中じっとしていられない」「暴力的な行為をする」ということを繰り返していました。

話を聞くため学校へ向かうと、その子は廊下で寝転がっていたので「シャツが汚れちゃうよ」と声をかけたところ、案の定「どうせ俺なんてゴミだからいいんだよ！」

という言葉が返ってきたのです。「出た！」と私は思わず心のなかで叫んでしまいました。

自己肯定感の低い子どもに見られる「**どうせ**」という言葉は子どもからのＳＯＳです。「自分は大切な人間だ」と思っている子は、「どうせ」という言葉は使いません。ですから、「どうせ」という言葉を使っている子は「自分は大切な人間ではない」というさびしさや悲しみを心の奥底に抱えているのです。

ネガティブな言葉の数々はＳＯＳを発信中

その男の子から出てくる言葉は、「自分はどうせゴミ」「どうせ嫌われている」「どうせ自分は邪魔な存在」「どうせ何をやっても無理」というネガティブな言葉の数々。何を聞いても何を話しても自分に対する否定的な言葉しか出てきませんでした。

しかし、彼が「落ち着きがない」「授業中じっとしていられない」には理由がありました。彼は「**困っていた**」のです。

その子はいろいろな音が耳に入ってきているようでした。だから周りの人が気にならない音も気になって振り向く。遠くの音が気になって見に行く。音が気になってたまらないからじっと座っていることができなかったのです。しかし周りからはわかりづらいため、本人だけが苦しみ、困っていたのでした。

叱ることも怒ることも無意味です

そういう**困っている子を叱っても注意してもまったく意味がありません**。むしろ、「やっぱり自分はダメな人間だ」という気持ちを悪化させてしまい、悪循環に陥ります。

決して怒ったり叱ったりせず、**なぜそうなったのか原因を探してみる**とよいでしょう。音やにおいに敏感だったり、勉強でつまずいていたり、発達的個性があったり、人間関係に悩んでいたり、弟妹が生まれてさびしさを感じていたり、家や塾で嫌なことがあったりと、なんらかの理由があります。

これは、子どもの年齢にかかわらず同じです。そして、**まだ未熟な子どもたちはそれを言葉に出して表現する術を知りません。**だからこそ、表現できないイライラやモヤモヤした気持ちが溜まっていき、問題行動として現われてしまうのです。

自分でもどうしていいかわからない状況のときに怒ったり叱られたりすると、子どもは「やっぱり自分はダメな人間なんだ」とさらに自分を責めるようになってしまいます。

大人から見て困った子は、何らかの困ったことを抱えていてSOSを発信している、ということを頭の片隅に置いておくと、子どもの「困った」に早く気がつけるようになります。

ポイント

- ■「どうせ」という言葉が出たら自己肯定感が低くなっている状態
- ■子どもの困った行動を叱ったり注意したりせず、その原因を探そう

自己肯定感と間違ったプライドの違い

本当のプライドとは何か？

１－１でも少し触れましたが、自己肯定感という言葉にわるい印象をもつ方の多くは、「プライドが高そう」というイメージをもっています。

しかし、**自己肯定感とプライドは違います**。自己肯定感は周りからの評価や条件など一切関係なく、「自分は大切な人間だ」と思えることです。しかし、プライドは他者との優劣の差や比較などが入ってくることが多いです。

プライドを直訳すると「誇り」ですが、「高慢（こうまん）」「うぬぼれ」「思い上がり」といった意味も含まれます。

他者との比較のない純粋なプライド（誇り）をもつことはとても素晴らしいことです。しかし、「あの人はプライドが高そう」と言う場合、そこには「高慢」や「うぬぼれ」というイメージが見え隠れしているでしょう。

プライドは自尊心と違う

プライドは「自尊心」という言葉で訳されることもありますが、**厳密にいうとプライドと自尊心は違います。**

自尊心は「ありのままの自分を尊重して受け入れる」という意味ですので、自己肯定感と非常に似ています。自己肯定感と自尊心を同じように使う人は多いですし、間違いではありません。

しかし、プライドは高慢やうぬぼれといった意味合いを含むため意味が異なります。ですから「プライド＝自尊心」ではないのです。

ありのままの自分を受け入れよう

自己肯定感や自尊心は、「**ありのままの自分を受け入れられること**」です。

一方で間違ったプライドは、優劣をつけて自分のほうが優位だと比較したり、他者からの評価で「自分は誇れる人間だ」と思うなど、うぬぼれなどが入っているということです。

自分自身に純粋なプライド（誇り）をもつことは素晴らしいことです。**他者からの評価や優劣に左右されることなく、プライドも（誇り）も自己肯定感も育みましょう。**

ポイント

- 間違ったプライドは「うぬぼれ」や「思い上がり」であると知る
- 他者の評価や優劣が関係ないプライド（誇り）をもつ

自己肯定感がもてないと、将来挫折しやすくなる

優秀さに反比例して自己肯定感が低くなる子どもたち

自己肯定感がもてない子どもは、将来挫折しやすくなります。それは自分自身に自信がもてず、「どうせ自分なんて」と思っているからです。

子どもの頃から成績優秀で有名な大学を出て大企業に勤めているのに、自己肯定感が低く、自信をもてない方を私は何人も見てきました。

素晴らしい能力をもち、専門分野で優秀な成績をおさめているにもかかわらず、「私、自己肯定感が低いんです」という方がたくさんいます。なぜでしょうか。

それは、**子どもの頃から周りの大人に評価され続け、結果だけをほめられ、自分の存在やがんばりを認められることなく育ってきたから**です。

「認められるのは成績や結果だけ、自分自身ではない」「この成績でなければ、この結果でなければ自分はほめてもらえない存在だ」とだんだん思うようになり、**成績の優秀さとは反比例して自己肯定感は低くなっていきます。**

本当は素晴らしい才能や能力をもっているにもかかわらず、自己肯定感がどんどん低くなってしまう子どもはたくさんいます。自分に自信がもてず、周りからの評価や結果で自己肯定感を高めようとする子どもは、トラブルや失敗が起こったときに「もうだめだ」「どうせ無理だ」とそのまま折れてしまうのです。

しかし、本当の自己肯定感をもつことができていれば、**「大丈夫！　またがんばれる！」と思うことができ、何度でも立ち上がることができる**のです。そのため、子どもの自己肯定感を育むことが大切になります。

ポイント

- **自己肯定感の高い子どもは失敗してもあきらめずにチャレンジできる**
- **挫折しない子どもを育てるには、自己肯定感を育むことが大切**

「自分で考え、生き抜く力」が身につくのは十分甘えて育った子

たっぷりと十分に甘えさせる

「甘やかすのはよくない」「甘やかすとダメになる」という言葉を聞くことは多いと思います。確かに「甘やかす」ことはいいとはいえませんが、**「甘えさせる」ことはとても大切**です。

この「甘えさせる」と「甘やかす」は似て非なるものなのです。

【甘えさせる】

子どもの情緒的な求め（気持ち）に対応すること。子どもができないことを助けてあげること。「甘えたい」という心の要求を満たしてあげること。

【甘やかす】
子どもの物質的な求めを制限なく与えること。子どもができることも大人側が主体となって手出しをすること。

この「甘えさせる」と「甘やかす」の違いをしっかりと理解したうえで**十分に甘えさせることが大切**です。十分に甘えて育った子は必ず自律（自分をコントロールすること）し、自立（ひとり立ち）していきます。

子どもは誰しも「自分を愛してほしい」「甘えを受け止めてほしい」という欲求をもっています。**その求めに応じてあげることが「甘えさせる」ということ**です。助けを求めたらちゃんと助けてもらえる。甘えたくなったら甘えさせてもらえる。**そういう積み重ねが他者への信頼感を育んでいきます**。

甘えさせることはほしがるものをなんでも買ったり、子どもの言いなりになってなんでもしてあげることでは決してありません。これはただの「甘やかし」です。

心の安全基地を作る

「甘えさせる」行為は、いわば子どもにとって**心の安全基地を作る**ようなものです。とても居心地がよく、常に安全で、心から安心できる場所。

しかし、成長するにつれてその安全基地は次第に不自由さや安全であるがゆえにつまらなさを感じ、刺激を求めるようになります。そして、「外の世界を見てみたい」「新しいことをやってみたい」と思うようになり、どんどん意欲がわいてくるようになります。**その意欲こそが自立の第1歩**です。

外の世界へ1歩踏み出してチャレンジし、また不安や恐怖を感じたら安全基地へ戻る。「戻る場所があり、助けを求めたら助けてもらえる」という**安心感があるからこそ、いろいろなチャレンジができる**ようになります。何度も安全基地とチャレンジを行き来することで子どもは「自立」（ひとり立ち）していくのです。

チャレンジと失敗の経験を積んだ子どもは、その経験を通じて自分をコントロールできるようになり、「自律」を学んでいきます。

十分甘えて育つとコミュニケーション能力も育まれる

十分に甘えて育った子は**他者への信頼感をもてるようになり、必要なときには周りに助けを求めることができる**ようになります。これこそが、**人と人が関わる際に必要なコミュニケーション能力の基礎**となります。

つまり、たくさん甘えて育った子どもは人とのコミュニケーションが取れ、チャレンジする意欲がもてるようになり、失敗をしてもまたやり直す気持ちをもつことができます。

「甘え」を悪者とせず、甘やかさずに十分に「甘えさせて」あげましょう。

ポイント

- ■「甘やかす」と「甘えさせる」の違いを理解しよう
- ■たくさん甘えさせた子ほど他者への信頼感が育まれ、挑戦する意欲がわく

親の自己肯定感を高めることが、子どもの自己肯定感を育む

親の自己肯定感も大切

子どもの自己肯定感を育むためにみなさんにしてほしいのは、**親自身も自己肯定感を育む**ということです。自己肯定感が必要なのは子どもだけではありません。**自己肯定感は、大人であっても、いつからでも育むことができます。**

親はいつも「子どものため」を想っていますが、本当に大切なのは**親自身が自己肯定感を高めて自分自身を信じ、子どもを心から信じられる心をもつこと**だと思います。

私自身は自己肯定感のとても低い親だったためあまり大きな声ではいえないのです

が、「自分の自己肯定感が低いがゆえに子どもに対して負荷をかけてしまっていたな」ととても反省しています。今は自分の自己肯定感を育み直し、子どもを心から信じられるようになりました。

親の自己肯定感が低くなる要因

親の自己肯定感が低くなってしまう要因として、**①親自身が周りからの評価や結果で成長してきた、②十分に甘えさせてもらえずに育った**ということが考えられます。

自己肯定感が低いことに気づかずにきた場合もありますが、子どもの頃の満たされなかった想いにふたをしたまま、心の奥底に眠らせている方は多くいます。

以前は「抱きグセがつく」という理由で、泣いても抱っこをしない、ぐずってもスキンシップを取らないという習慣がありました。今とは真逆の考え方です。

しかし、**これは子どもの自己肯定感を育むうえで絶対にしてほしくない習慣**です。

子どもは「泣いたら抱っこをしてもらえる」「求めれば抱きしめてもらえる」という

感覚を乳児期に育んでいきます。これが子どもの心の求めに応じて「甘えさせる」ことなのですが、その一番大事な時期に泣いても叫んでも抱っこしてもらえない状況が続くと、**「自分は大切な人間ではない」という感覚をもって成長します**。

これが、自己肯定感が低くなってしまう要因の1つです。以前は今ほどスキンシップが大切だといわれなかったため、十分に甘えさせてもらえず、スキンシップも少ないなか育った方も多いでしょう。

親もまた「評価」を気にしている

親になった今も、環境などにより周りの「評価」を気にしなくてはならない状況にいます。「いい親でなくてはならない」という周りからの評価を気にしてしまう。

そうした周りの評価を気にするのは、**非常に真面目で何事にもまっすぐな方が多いです**。責任感が強く、何事にもしっかりと対応しようとするがゆえに子どもの失敗やできていないところが目につき、「自分の育て方のせいだ」と思ってしまうのです。

しかし、失敗したときなどに怒る・叱ることを繰り返せば、子どもは「自分はダメな子だ」と自己肯定感が低くなっていきます。また、子どもをずっと怒り続けている親も、「自分はダメな親だ」「自分は親失格だ」と自己肯定感が低くなっていくという**悪循環が起こります**。

時々、「自分の育て方が間違っているのでは」という不安を抱えている方がいらっしゃいますが、どうぞ安心してください。そういう悩みを抱えている方は絶対に大丈夫です。本当に育て方が間違っている人はそういう悩みも疑問ももちません。もしも「自分の育て方が間違っているのでは」という不安が襲ってきたら、「子どものことを真剣に考えているいい親だ」と自分で自分をほめてください。

信じてもらえた子どもは、自分を信じられるようになる

これからは多様性の時代です。子どもは1人ひとり違う個性をもって生まれ、「みんな違ってみんないい」があたりまえの時代です。「みんな同じ」でなくてはならな

いという考え方はどんどんなくなっていきます。

ですから、親自身が周りからの評価や情報にまどわされることなく、自分自身を信じてください。そうすることで子ども自身の力を信じられるようになり、**信じてもらえていると感じた子どもはまた自分自身を信じられるようになる**のです。

これが**親子の自己肯定感の好循環**です。自己肯定感の好循環サイクルをクルクルと回すために、親自身も自己肯定感を育み、子どもの自己肯定感を育んでいきましょう。

ポイント

- **親が自分を信じられるようになると、子どもも信じられるようになる**
- **親の自己肯定感が子どもの自己肯定感を育み、好循環を生む**

Chapter 2

子どもが自立するために試したい子育てのルール

~子どもが自立するために親が試してほしい4つのこと~

やりがちな子育てが、子どもの自己肯定感を下げる

親が一生懸命になればなるほど、子どもの自己肯定感を下げてしまう場合があります。それは私たち親がわるいわけではなく、これまでの風習や習慣によるものです。しかし、時代とともに見直され、子どもが自立し、自己肯定感を育むために試してほしいことがいくつかあります。それはこの４つのルールです。

①「評価」をやめる
②「比較する」のをやめる
③「支配する」のをやめる
④「いい親」をやめる

やりがちな４つの行為を見直す

「評価する」「比較する」「支配する」「いい親を目指す」という4つの子育ての行為は、子どもが自己決定をできなくなったり、チャレンジする意欲が失われたり、他責をするようになったり、コミュニケーション力を下げてしまったりと何もいいことはありません。

それなのになぜしてしまうのかというと、これまでは「それがよい」と教えられ、それを真面目に実践しようとしてきたからです。

これらは今まであたりまえに経験してきたことですし、私たち親もやりがちなことですが、なぜやめたほうがよいのかを次項から詳しく説明します。

ポイント

- **これまで「よい」とされてきた子育ての習慣も変化している**
- **子どもが自立し、自己肯定感を育むために試したいルールは４つある**

やりがちな子育て①

「評価」をやめる

テストは人を評価するためのものではない

今の日本の公教育ではテストがあり、内申点があります。これは「あたりまえ」のことなので疑問をもつ方は少ないと思いますが、私はあまり好ましくないと感じています。

なぜなら、「点数がすべて」「評価点がすべて」という風潮がベースにあるからです。成績のいい子が「いい子」であり、逆に成績のわるい子は「ダメな子」という評価になってしまいます。

内申点をよくするため、先生の前では率先して手を挙げて発表したり掃除をしたりと「いい子」を演じますが、先生のいないところでは一切しない。ひどい場合はほかの子に命令してやらせたりすることもあります。

そんなことが起こるのは「**評価制度**」があるからです。そして、私たち親もその評価制度に一喜一憂してしまいます。

本来、テストは子どもが「どの程度理解しているのか」「どこを理解していないのか」ということを判断するためのものです。テストという制度が**「人を評価する」ことへすり替わっている**状況にあります。

カンニングをしてまでもいい点を取る理由

あるお子さんがカンニングを繰り返していることを告白してくれました。クラスでは「いい点を取る子がいい子」という雰囲気が強く、点数の低い子は「ダメな子」としてからかわれる対象になっていたのです。

そのお子さんはからかわれたくない一心で「いい点」を取ることだけを目指し、手段を選ばずにただ「100点」だけを求めました。

カンニングをして１００点を取るようになった結果、クラスの人気者になり、先生からも注目され、ほめられるようになりました。

でも、**その子自身はとても苦しんでいた**のです。カンニングをしていい点を取っているけれど、それは自分の実力ではないし、何よりも「わるいことをしている」という罪悪感に苦しんでいました。

そして、その裏には「１００点を取っていなければ人気者になれない」「１００点を取っていなければ先生からも相手にされない」という恐怖心があり、どんなにほめられても自己肯定感は低くなる一方でした。

「自分はダメな人間だ」と強く思い込んでいたのです。

テストは「理解度を知るもの」であることを伝える

その苦しさは体調の変化にも出ていきました。朝になるとお腹が痛くなるのです。

そんな状況を知った私は、「○○ちゃんはどうしたい？」と聞いてみました。すると、「カンニングしないでいい点を取りたい」というのが本人の希望でした。

「どうやったらいい点が取れると思う?」

「勉強する」

「そうだね。勉強をがんばったら、がんばったところを先生は見てくれると思うよ」

「無理…」

「どうしてそう思うの?」

「ばかだから勉強しても無理…、だけど100点は取りたい…」

「どうしていい点が取りたいの?」

「いじめられないし、先生にほめてもらえるから」

「いい点が取れなかったら必ずいじめられると思う? がんばったところは見てもらえないかな? いい点じゃない子はみんなダメ? いいところは1つもない?」

その子はしばらく黙って考え込んでいました。

「テストっていうのは人を評価するためのものじゃないんだよ。『ここがまだわかっていませんよ』って教えてくれるものなの。だからもしわるい点数を取ったら、わかっていない場所がわかる。わからない場所がわかったら先生にまた教えてもらえばいいだけだよ」

と伝えたところ、ハトが豆鉄砲食らったような顔で私を見つめていました。

「テストはいいとかわるいとかを評価するためのものじゃないよ」
「がんばろうと思ったところが素敵だし、ちゃんとがんばれたのならたとえ１００点じゃなくても最高に素敵だよ」

私はその子に会うたびに根気強く伝え続けました。

自分の努力で自己肯定感を取り戻した

結果、その子はカンニングをしなくなりました。
自分のできる範囲の勉強をし、間違ったところを先生に聞きに行くという習慣ができ、自分の実力で時々100点を取れるようになったそうです。

しばらくしてその子に会ったとき、とても自慢そうに言いにきました。

「毎日めちゃくちゃがんばっているの！　すごくない？」

カンニングをして100点を取っていた頃とは別人のような笑顔です。**自分の努力で点数が上がったことで自己肯定感を取り戻した**のです。

ポイント

- **テストは人を評価するものではないことを理解する**
- **評価するなら努力している姿勢を評価する**

やりがちな子育て②
「比較する」のをやめる

比べる対象はその子自身

同じ年齢の周りの子どもが何かできるようになると、「あれ、うちの子はまだかな」と思ったり、習い事に通い始めたと聞いたら、「うちの子も！」と思ったりしませんか。

しかし、ほかの子ができるからといって自分の子どもにも無理やりやらせようとしたり、子どもが望んでいない習い事を押しつけると、子どもは自分の気持ちが無視されていると感じます。

子どもの心を無視し続けるとどうなるかというと、**自分で何も決められなくなり、**

主体性のない子どもになります。誰かが何かを決めてくれるのを待ち、誰かが用意してくれることだけをやるようになります。

これが「**指示待ち人間**」を作ってしまう理由の1つです。社会に出たら指示待ち人間では生きていけません。子どもの頃から決められたもの、用意してくれるものしかやってこなかったので、自分では何も決められず、自分で考えて行動できないのです。

その子自身の「こうしたい！」を尊重する

大切なのは「ほかの子と同じように」ではなく、**その子自身がどうしたいか**です。比べるべきは周りの子どもではなく、**その子自身が以前よりもどれくらい成長したか、どれくらいできるようになったのか**だけで十分。

親はどうしても「周りの子」と比較したくなりますが、周りの子と比べられ続けた子どもは、「親の期待に応えなくては愛してもらえないのでは」「みんなと同じようにできない自分はダメな子だ」と思うようになります。

次ページから「**言ってしまいがちな比較言葉**」の例を紹介します。

CASE 01

【言ってしまいがちな比較言葉】がんばってほしいことがあるとき

OK

（以前と比べて）○○ができるようになったね！
次は△△も挑戦してみる？

NG

○○ちゃんはもう△△もできるんだって。
あなたもがんばらないと！

その子が前よりどれくらいできるようになったのかに注目する

その子にはその子なりのペースがあります。

ほかの子と比べる行為は、「あなたはほかの子より劣っている」というラベリングを無意識に子どもにしていることになり、子どもの自己肯定感を下げてしまいます。ほかの子と比べても上には上がいるのでキリがありません。親としては、ほかの子と同じように「習い事に行ってほしい」「成績がよくなってほしい」「勝負に勝ってほしい」などいろいろな希望があります。

しかし、子ども自身が自分で乗り越えられる目標を設定して、「**自分が決めたことを自分で達成する**」という達成感を繰り返し体験することが必要なのです。

比べる場合は、ほかの子と比較するのではなく、その子自身が「以前よりどれくらいできるようになったのか」だけに着目します。

【言ってしまいがちな比較言葉】

周りの子が塾や習い事に通い始めたとき

OK

最近の学校の授業はどう？
勉強で不安なところやわからないところはある？

NG

○○君は塾に通って勉強してもう△△まで進んでいるらしいよ。
あなたもすぐ通わないとね！

本人の希望をよく聞き、しっかりと話し合ったうえで決める

本人が塾に行きたいと希望するならよいですが、ほかのお子さんと比べて無理やり通わせる必要はありません。学校の勉強をしっかりと理解し、授業についていけるのであれば、本来は必要のないことです。

塾に通う場合、**本人の希望をよく聞き、しっかりと話し合ったうえで決めるようにします**。本人が「勉強についていけない」ことに気づけば自ら「塾に行きたい」と言うでしょうし、行きたくない場合には「自分でがんばりたい」という気持ちがあるのかもしれません。勉強についていけないのに塾にも通わず自分でもがんばらない場合は、ほかに問題があるか、勉強の初歩でつまずいている可能性があるので、どちらに問題があるのかゆっくりと話をしてみたほうがよいでしょう。

塾に通うかどうかは「本人が決める」ことが大事です。「無理やり通わされた」という不満は生まれにくくなりますし、自己決定をする経験が積み重なっていきます。

比較され続けると突然メンタル不調などを起こすことも

比較され続け、自己肯定感が低くなった子どもは突然バーンアウト（燃え尽き症候群）することがあります。**自分のしたいことと親が求めることが違うのに、ずっとがまんして耐えてきたから**です。親の気持ちを理解する「いい子」ほど、親の期待に応えてがんばろうとします。

しかし、ある日ふと思うのです。「親や周りの大人が求める結果を出せない自分は愛されないのではないか」と。

もちろん、こんなふうにしっかりと言語化できる子は少ないかもしれませんが、**子どもは「もやっ」とした気持ちを抱えたまま成長し、何か問題に直面したときに心の爆発を起こすことがある**のです。

私が知っているケースでの年齢はさまざまですが、思春期の子もいれば、大人になってから爆発することも多くあります。爆発の大きさはそれぞれ違いますが、心を病んだり、引きこもりになったり、最悪のケースは命を絶とうとすることもあります。

いい大学を出て優良企業で働いているのに、何かのきっかけでバーンアウトしてしまう人はたくさんいます。

その根底には、「いつも誰かと比較されていた」「ほかの人と同じようにできない自分は認めてもらえない、愛してもらえない」「自分のやりたいことができなかった」というくやしさやさびしさを抱え、**本当の気持ちを犠牲にしてがんばってきた蓄積があるのです**。

比較され続け、「自分自身を認めてもらえない」「自分自身を愛してもらえていない」という不安は子どもの自己肯定感を低くし、大人になってもずっと引きずってしまいます。

自己肯定感が高ければ何があっても立ち上がれる

自己肯定感が高い子であれば、たとえ何か問題が起こったとしても、そこから立ち上がる力があります。「自分は愛されている」「自分にはがんばる力がある」と本当の意味での自信をもっているので、何があっても立ち上がれるのです。

ほかの子と比べられ、「みんなと同じ」を求められていたのはもう昔。今はみんなと同じではなく多様性や個性が求められる時代です。周りと同じことをしていても子どもの個性は伸びませんし、多様性もないままになってしまいます。周りの「誰か」を基準にしてそれを真似していたら、ずっと誰かのあとを追いかけることになります。**大事なのは、目の前にいる我が子が「以前よりどれくらい成長したか」ということだけ**なのです。

ポイント

- **比べる場合は、その子自身が以前からどれくらい成長したかを見る**
- **「基準」「標準」「みんなやっている」は無視してOK**

やりがちな子育て③
「支配する」のをやめる

無意識に「思い通りにしよう」とする場合がある

「支配」というと、おそらく多くの方は「支配なんてしていない」「私は関係ない」と思うことでしょう。

しかし、**無意識のうちに子どもの意見よりも自分の意見を通し、思い通りにしようとしている場合があります**。

もちろん親は「子どものため」を想って言っているのですが、実は子どもの気持ちとは異なる場合も多いのです。子どものためを想っていても、子どもの気持ちと違う場合は、**子どもの気持ちを否定することになります**。

自分で考えることをやめてしまう理由

子どもは気持ちを否定され続けると、**「どうせ言ってもムダ」「言われたことだけやればいいや」と考えることをやめ、自分の気持ちを伝えることをあきらめる**ようになります。

「自分で考え、行動できる子に育ってほしい」と願っているにもかかわらず、このような結果は、子どもの考える力、伝える力を削（そ）いでしまいます。

次ページから、「**子どもを支配する言葉**」の例を紹介します。

CASE 01

【子どもを支配する言葉】
勉強をしない子どもにかける言葉

OK

勉強を1時間やって、終わったらゲームで1時間遊ぼうね！

NG

なんで勉強しないの！
勉強しないならゲームを捨てるよ！

子どものやる気が出るようなポジティブな言葉をかける

本来の目的は子どもが自ら勉強をしてくれることです。「勉強をしないとゲームを捨てられてしまう」という恐怖心から無理やり机に向かうようになると、**ますます勉強嫌いになってしまいます**。

「捨てる」というネガティブな言葉で支配するのではなく、「勉強を1時間したら、ゲーム1時間ね」「勉強が終わったらゲームで遊ぼう」などポジティブな方向で伝えると、「よし、やろう!」という気持ちになりやすくなります。

恐怖や支配で勉強をさせると一時的に勉強はしますが、「やらされた」という気持ちが強く、勉強に対するネガティブなイメージが定着します。

子どものやりたい気持ちを引き出すために、**得意な部分やできているところを認め、日々の達成感を積み重ねていくとやる気が出てきます**。無理やりさせるのではなく、自分からがんばる気持ちを引き出すことが大事です。

CASE 02

【子どもを支配する言葉】親と違う意見を子どもが望んでいるとき

あなたの意見はそうなのね。お母さん（お父さん）の意見は○○だからこれも検討してみてね

こういうふうにしてみたほうがいいよ。あなたのために言っているのよ

子ども自身が選択や決定をできるように促す

人生経験が豊富な親としては、子どもの意見とは反対に「こうしたほうがいいよ。あなたのために言っているのよ」と言いたくなる場合があります。親がそれで失敗した経験があるならなおさらです。しかし、それが子どもの希望と違う場合、子どもの気持ちは否定されたことになります。子どもは否定されると、「どうせ自分の気持ちなんて誰も聞いてくれない」と思うようになります。

子どもから「どうしたらいい？」「どっちがいいと思う？」と意見を求められた場合にはもちろん親の意見を伝えてもいいのですが、子どもが「どうしてもこうしたい」「絶対にこっちがいい」と主張しているのに「あなたのため」と親の意見を通してしまうと子どもは不満を感じます。

まずは「あなたの意見はそうなのね」と認め、「お母さん（お父さん）の意見は○○だからこれも検討してみてね」と**子ども自身が選択や決定をできるよう促します。**

失敗させることも大事な経験

子どもが選択をして失敗しても、自分の選択ですから納得しますし成長の糧（かて）となります。一方、親の意見を「あなたのため」と押しつけられると、思うようにいかなかった場合には後悔し、「親のせいだ」と他責をするようになります。子どもが「どうしてもこうしたい」という意見がある場合には、**たとえそれが大人の意見と違ったとしても気持ちを否定せず、選択させ、失敗させることもまた経験**なのです。

どうしても親側がその選択肢を受け入れられないときには、「あなたのため」と一方的に意見を通すのではなく、**子どもが納得するまでたくさん話し合いの時間をもつ**ことが重要です。話し合いの時間を多くもつことで「自分のためにいろいろと考えてくれているのだな」と自己肯定感が上がり、親の考えにも理解を示すようになります。

ポイント

■無意識に子どもの意見よりも自分の意見を通そうとする場合がある
■失敗させるのも大事な経験であることを理解する

やりがちな子育て④

「いい親」をやめる

完璧な親は子どもの自己肯定感を低くする

この本を読み進めているみなさんは、おそらくとても真面目な「いい親」です。「子どものために何かできることはないか」をいつも考えて行動している方だと思います。

真面目にがんばることや完璧を目指すことはとても素晴らしいことです。ただ、「完璧過ぎない」でいてほしいのです。**親が完璧過ぎると子どもの自己肯定感は低くなる可能性があります。**

なぜならば、常に親が完璧であると子どもは少し窮屈(きゅうくつ)さを感じます。たとえ窮屈に感じていてもお手本となる親が完璧なので、自分も常に完璧でなくてはならないとがんばり続けます。

そうすると、**「つらい」「苦しい」「悲しい」というネガティブな感情を表に出しづらくなる**のです。そして、「完璧にできない自分は親から愛されないかもしれない」という不安も抱えるようになります。

親の失敗する姿が子どもに安心感を与える

年齢が上がるにつれ、「なぜ自分は親のように完璧にできないのだろう」「本当は実の子ではないのではないか」などと思い悩むこともあります。

しかし、本当は親だって大変ですし、努力をして子どもの前ではしっかりとした親でいようとがんばっているのだと思います。

「時には親も失敗する」ということを子どもに見せることで、子どもは「ああ、大人も失敗することがあるんだな」と安心感を覚えます。

親がまったく失敗せずにいつも完璧でいると、子どもは「失敗は許されない」と恐れを感じて消極的になります。

失敗をしないようにチャレンジしなくなり、安全な道だけを選ぶようになります。「どんどんチャレンジしなさい」「いろんな経験をしてみなさい」と言っているのに、消極的でチャレンジ精神がなくなってしまうようでは本末転倒です。

親が見せるべきは失敗から立ち上がる姿

親が見せるべき姿は完璧さではなく、**失敗したり落ち込んだりしても「そこから立ち上がる姿」**です。

落ち込まない人はいませんし、悲しまない人もいません。しかし、親がそういった感情を一切見せずにいると、「つらいことや悲しいことがあっても人に見せてはいけないのだ」と解釈して子どもも感情を出しづらくなってしまいます。

「親も悲しいことはあるし、つらいこともある。だけど、そこから克服して立ち上がる」というその過程を自然と感じることで、人の心の痛みやつらさも理解できるようになります。

そのような過程を一切見ずに育った子どもは感情に対する想像力が乏しく、人がなぜ怒っているのか、なぜつらそうなのかを想像しづらくなります。

怒った理由、つらかった理由などを伝える

イライラの感情を子どもにぶつけることはよくありませんが、子どもがある程度の年齢になってきたら、**「なぜ怒っていたのか」「なぜつらかったのか」を伝えたり、どうやって克服したかを教えてあげること**が、とても大切な感情のコントロールの育み方です。

そのような感情の流れを見たり感じたりした子どもは、相手が怒っていたり、つらそうにしているときに、その根底にある感情に目を向けることができ、思いやりをもって人の気持ちに寄り添うことができます。

65ページより、「**負の感情を見せたあとのフォローの仕方**」の例を紹介します。

第2章で紹介した「親に試してほしい4つのルール」は、どれもちょっとした心がけでできるものです。もちろんすぐにできるわけではありませんし、絶対にしなくてはいけないものでもありません。

ただ、ほんの少しだけ頭の片隅に置いておき、気がついたときに実践してもらえると、子どもの自己肯定感は育まれていきます。

ポイント

■「親も完璧ではない」ということを知ってもらう
■失敗したり、落ち込んだりしたあとに立ち上がる姿を見せる

CASE
01

【負の感情を見せたあとのフォローの仕方】
疲れてイライラし、怒鳴ったとき

OK

さっきは大きな声を出してごめんなさい。すごく疲れていたから、ついイライラしてしまったの。冷静に伝えられず、あたってしまってごめんね。次からは気をつけるね

NG

お母さんだって本当は怒りたくないのよ。それなのにあなたがちゃんとやらないからわるいんでしょ。これ以上お母さんのことを怒らせないようにちゃんとやってね

謝る際、疲れていたからあたってしまったことを伝える

怒鳴(どな)る行為はよくありませんが、人間ですからたまにはこういうこともあります。いつもだと困りますが、疲れや負の感情が溜まってしまった場合はイライラしやすいのです。

「疲れすぎていたからあたってしまった」と謝ることで、「自分のことを嫌いで怒鳴ったのではない」ということは理解してもらえますし、謝ることで子どもも怒鳴られた嫌な気持ちから解放されます。

一方で、「あなたがわるいから怒った」と子どものせいにした怒り方をしてしまうとさらに嫌な気持ちになりますし、子どもも「人のせい」にすることを覚えてしまいます。

「疲れすぎてイライラしているな」と感じたら、ぜひ第4章を参考にして感情をコントロールしてみてください。

CASE
02

【負の感情を見せたあとのフォローの仕方】
体調が優れず、元気が出ないとき

OK

今日は体調がわるくて元気が出ないの。少し休んだらよくなると思うからお部屋で静かにしてもらえると助かるよ」（元気になったら「協力してくれてありがとう」と伝える）

NG

「体調わるいから向こうで静かにしてて！」と部屋から追い出し、元気になったあとでも協力してくれたことに対する感謝を伝えない

Let's Try!

機嫌がわるいのではなく、体調が優れないことを伝える

体調が優れないときは子どもの相手をできないことがあります。子どもが話しかけてきても生返事しかできず、表情も暗くなります。

そんなときは**無理をしすぎないこと**が大切です。

親の機嫌がわるいと顔色を伺う子になってしまいますが、機嫌がわるいのではなく「体調がわるい」ということを伝え、体調がわるい人は休ませてあげるということを学んでもらうことも大切です。

その後体調が回復したら、**子どもに協力してくれたことへの感謝の気持ちを伝えましょう**。体調のわるい人を気づかったり、協力することで「ありがとう」と感謝される経験を経て、相手を思いやる心が育まれていきます。

CASE 03

人間関係のトラブルで落ち込んだとき

【負の感情を見せたあとのフォローの仕方】

今日はお母さんもお友達とうまくいかなくて悲しい気分なの。だけど、人生にはこういうこともあるのよ。明日から気持ちを切り替えてがんばるから今日はゆっくりさせてね

今日はお母さんもお友達とうまくいかなくてすごく悲しい気分なの。お母さんは全然わるくないのになんでこんな思いをしなくちゃいけないのかしら。もうほんと嫌だ

親も人間関係に悩むことがあるのを知ってもらう

「親も人間関係に悩むことがある」ということを子どもに知っておいてもらうよいチャンスです。

親のそういった姿を見た子どもは、**自分が人間関係に悩んだときに親に相談しやすくなります。**

ただし、相手のせいにしたり、「もう嫌だ」「死んでしまいたい」などの言葉は子どもが真似をしますので、ネガティブな発言はしないようにします。

「こういう考え方をしてみたら気分が晴れた」「こんなふうに気持ちを切り替えた」ということを伝えておくと、子どもも自分が人間関係で困ったときに気持ちの切り替え方や考え方の幅が広がります。

Chapter 3

子どもの自己肯定感を育む接し方・声のかけ方

～子どもの自己肯定感を育む６つの方法～

自己肯定感の育み方に正解はない

子どもの成長に自己肯定感が必要なことはこれまで述べてきましたが、ではどうしたら子どもの自己肯定感を育めるようになるのでしょうか。

実は、子どもの自己肯定感を育むために「絶対にこれが正解」というものはありません。親が子どもに愛情をもって接していることが伝わればそれで十分だと私は思っています。子育ての方法や考え方は人それぞれ、正解はありません。

しかし、「どのようにして伝えたらいいのかわからない」「どのような方法がいいのかわからない」という方のために、**「子どもの自己肯定感を育むための6つの関わり方のポイント」**を子育てＨＡＴマイスター（一般社団法人ＨＡＴの自己肯定感を育むスペシャリスト認定資格）として具体的にお伝えします。

自己肯定感を育む方法は次の6つです。

①スキンシップをとる
②言葉をかける
③話を聞く
④子どもの言ったことを繰り返す
⑤がんばりをねぎらう
⑥「ありがとう」を伝える

この6つは一見とても簡単そうですが、意外とできていなかったり、NGな言動をしていることがあります。時々ならできることも、毎日だとできないことも多くあります。しかし、完璧にできる人などいないので、無理をしない程度に心がけるだけでいいので少しずつ試してみてください。それでは、1つずつ解説していきます。

ポイント
■自己肯定感を育む6つの方法を少しずつ試してみる

自己肯定感を育む方法①
スキンシップをとる

スキンシップこそ最初の自己肯定感の育み

子どもが成長していくうえで非常に大切なのは「**スキンシップ**」です。
「なんだ、こんなあたりまえのことか」と感じる方も多いと思いますが、実は思ったほどスキンシップをとることができていないことがあります。

スキンシップに慣れないまま大人になった方は積極的にスキンシップをとることを躊躇（ちゅうちょ）してしまうこともあります。また、忙しくて手が離せない、下の子どもが生まれて手いっぱいのときなどは、頭ではわかっていても難しいこともあるでしょう。

子どもが成長していく過程において、**「スキンシップ」は一番重要**だと私は考えています。抱っこしたり、ギューっと抱きしめたり、手を握ったり、そんなスキンシップが子どもの心を安心させ、幸せな気持ちにさせるのです。

そしてスキンシップを繰り返すことで、子どもは「自分は大事にされている」「自分は大切な存在なんだ」ということを**肌や感覚で自然に感じるようになります。**

その感じた気持ちこそが自己肯定感です。その気持ちを繰り返し感じることにより自己肯定感が育まれていきます。

大人もスキンシップで心が落ち着き幸福感が生まれる

スキンシップで自己肯定感が育まれるのは子どもだけではありません。**大人もその行為によって愛情や安心感が得られ、ストレスも減る**のです。

研究結果では、ハグをされた側だけでなく、した側にも「幸せホルモン」や「愛情ホルモン」と呼ばれる神経伝達物質のオキシトシンが出ることがわかっています。

オキシトシンはストレスを軽減し、幸福感をもたらすといわれていますので、「子どものためにスキンシップをとろう！」ということではなく、大人もまたスキンシップで落ち着いたり幸せを感じることができるのです。

子どもの自己肯定感の育みにもなって、大人もストレスを軽減し幸福感を得られるのですから、スキンシップをしない手はないでしょう。

「もううちの子どもは大きいから恥ずかしがってスキンシップをとらせてくれない！」という方は握手だけでもいいですし、グータッチだけでもいいです。学校へ行くときに背中を軽くポンと触れて「行ってらっしゃい！」と言うのもいいと思います。

パートナーとのひんぱんなハグでオキシトシンが出るという研究結果もありますので、ぜひパートナーとのスキンシップも積極的にとってください。大人も子どももスキンシップで幸せホルモンが出てきます。

ポイント

- ■子どもが成長していく過程では、スキンシップが一番重要
- ■積極的なスキンシップは、子どものためにも親のためにもなる

CASE 01

歩ける年齢の子どもが外で「抱っこして」と言ってきたら

OK

疲れちゃったんだね。がんばったもんね。あともう少しだけがんばってくれるとお母さんは（お父さんは）助かるよ。おうちに帰ったらたくさんギューしようね

「もう年長さんでしょ！」「もうお姉ちゃん（お兄ちゃん）でしょ！ 自分で歩きなさい！」と言って突き放す

突き放さない。否定せず、まずは気持ちに寄り添う

もし外ではなく家で抱っこを求めてきたら、求めに応じて好きなだけ抱っこしましょう。「重くてもう無理！」という年齢であれば椅子に座っているときに抱っこしたり、抱っこはできなくてもギューっとハグをするだけでも結構です。

歩けるのに外で抱っこをせがむ場合、疲れているか、眠くなった等の理由があり甘えたいのです。甘えたいときに突き放されると余計につらくなります。

「疲れたんだね」などと子どもの気持ちに寄り添い、「歩いてくれると助かるよ」とお願いしてみると子どもはがんばりやすくなります。**自分が「甘える側」から「甘えられる側」になると、「よしがんばろう！」と気持ちが切り替わりやすい**のです。

「抱っこ」の場合は重さも含めて年齢制限がありますが、「抱きしめる（ハグ）」行為にはありません。子どもが嫌がらないうちは、たくさんハグをすると子どもは安心感をたくさん覚え、自己肯定感が育まれていきます。

CASE 02

両手がふさがっているときに、「手つないで～！」と言われたら

OK

「お母さんも（お父さんも）つなぎたいけど、今は手がふさがってるからお洋服とつながってもらってもいい？ 荷物を置いたら手をつなごうね」と言って洋服をつかんでもらう

「今、両手がふさがっているのは見ればわかるでしょ！」と言って怒る

「手をつなぎたい」という欲求を拒否しない

手をつなぐことを拒絶すると、子どもは「行為」を拒否されたのではなく「自分」を拒否されたと感じてしまいます。

手をつなぎたいということは、「**今、安心したい**」ということ。その安心したい気持ちを満たしてあげる必要があります。

もちろん、手がふさがっていてどうにもならないときもあります。

そのような場合には、洋服をつかんでもらったり、カバンを一緒にもってもらったりすると、子どもは「つながっている」という感覚を感じることができ、安心感につながります。

自己肯定感を育む方法②

言葉をかける

気持ちを表現できる言葉の基礎を育てる

自己肯定感は何歳からでも育み直すことができますが、**最初に自己肯定感の土台を作るのは0歳～3歳と言われています**。言葉を覚える前段階の期間に子どもの気持ちを汲んでたくさん言葉をかけてあげることで、**子どもは自分の気持ちを表現する言葉や感情に関する言葉を覚えていきます**。

重要なのは、子ども自身が「私はこんな気持ちなんだよ」「僕はこんなふうに思っているんだよ」という**自分の感情を表現できる言葉を育てていくこと**です。

「嬉しい」「楽しい」「幸せだ」「悲しい」「嫌だ」「気持ちがわるい」「眠い」「痛い」など、大人がかける言葉を子どもはそのまま覚えていきます。

お腹が空いて泣いている（であろう）とき

OK

（子どもの目を見つめて）「お腹が空いたんだね」「今おっぱい（ミルク）あげるからね」と伝える

NG

子どもと目を合わせない、何も言わずにおっぱい（ミルク）をあげる

子どもの目を見て言葉をかける

おっぱい（ミルク）をあげる時間は乳児期における母親と赤ちゃんのふれあいの時間であり、心の土台を作る絶好の機会です。スキンシップの時間でもあり、コミュニケーションの時間でもあります。

この際にたくさん言葉がけをすることで、「自分は大切な存在だ」「話しかけてもらえる存在なんだ」と感じることができます。

おっぱい（ミルク）の時間に限らず、子どもの状況に応じて言葉がけをすることで、子どもは言葉を覚えていきます。目を見て話しかけることで、子どもは安心感を得ることができます。

適当な言葉がけをしない

子どもにかける言葉は、ただ声をかければよいのではなく、**子どもにとってプレッシャーや恐怖を感じることのない「意味のある言葉」をかける**ようにします。

勉強方法がわからない子に「もっとがんばれ！」と言ったり、片づけの仕方がわからない子に「お片づけちゃんとして！」と言っても、どうすればいいのかわからず、途方に暮れてしまいます。

何かを教えたり、激励(げきれい)するときに「もっとがんばれ！」「もっとちゃんと！」「もっとしっかり！」「もっともっともっと…」。

子どもは子どもなりにがんばっているのに、さらに「もっともっと」と抽象的な励ましをされても、何をどうがんばればいいのかわからないのです。励ますなら、**抽象的な表現ではなく、何をどうすればよいのかを明確に伝えます。**

CASE 02

上手にダンスを踊れていないとき

OK

お手本や動画をゆっくり見せる。「先生の手はピンとしてる？ 足はどの高さまで上がってる？」などと一緒に考え、練習をする

「もっとカッコよく踊って！」「ほら、もっとがんばって！」などと抽象的な表現で伝え、プレッシャーを与える

内容のない「がんばれ」を言わない。プレッシャーを与えない

ダンスも勉強もお手伝いも、**「何をどうがんばっていいのか」わからない子どもは多い**です。それなのに、「がんばって！」と言われるとプレッシャーを感じてしまいます。

一緒にお手本や動画を見ながら手や足の高さなど具体的なポイントを検証し、子どもの意見を聞きながら、「そうだね、指を真っ直ぐ伸ばすとカッコよくなるね」「つま足をヒザの高さまで蹴りあげるとカッコよくなるね」など、何をどうすればカッコよくなるのかを1つひとつ確認します。

「がんばれ！」と抽象的に言うのではなく、どうすればよいのかを具体的に子どもと一緒に考えるようにすると子どもはがんばりやすくなります。

矛盾を生じせない言葉がけや見守ることも大切

嬉しいときや楽しいときはもちろんですが、悲しいとき、つらいときにも**その気持ちを表現できるように状況に応じた声かけをするようにします**。その際、かけた言葉と子どもが感じているであろう気持ちに**矛盾を生じさせないことが大切**です。

かけた言葉と状況や気持ちに矛盾が生じると子どもは混乱します。転んだときに「痛くない痛くない」と言ったり、本人は大丈夫ではないと感じているときに「大丈夫、大丈夫」と言ってしまうと、子どもは自分の気持ちを表現しにくくなります。

また、小学生~中学生以降になると、言葉自体は知っていても感情を表現したり伝えたりするのがうまくできなくなることがあります。親としては、子どもの年齢に応じて「**見守る**」ことも非常に大切になります。

ポイント

- 自分の感情を表現できる言葉を育てていく
- 適当な表現をせず、矛盾を生じさせない言葉をかける

CASE 03

【幼児期】注射をこわがって泣いているとき

OK

こわいよね。お母さんも（お父さんも）子どものときはこわかったけどがんばったんだよ。ほんのちょっとチクっとするけど一瞬で終わるよ。○○ちゃんならがんばれるよ

NG

全然こわくないよ！
全然痛くないから○○ちゃんなら大丈夫！

ウソをつかずにわかりやすく説明する

注射は痛いのに「痛くないよ」と言われた子どもは、「ウソつき！」「だまされた！」と感じて親を信用しなくなり、次の注射でさらに大暴れをすることになります。子どもの気持ちと声かけが矛盾しないように気をつけます。

何をされるかわからない状態は子どもにとって恐怖です。「痛くないよ」と言うのではなく、「ちょっとチクっとするよ」「すぐに終わるよ」と説明をしたうえで「がんばろうね！」と励まします。

また、「壁に飾ってある○○を見ていて」など、他のところに視線を向けるような声かけや、「息をフーっと吐いてごらん」と呼吸に意識を向けてもらうのもよいです。

恐怖を感じている受け身の状態から**息を吐く、何かを見るといった「行動」に集中してもらうと恐怖から意識がそれやすくなります。**もし、注射のあとに泣いてしまっても「痛かったね」「よくがんばったね」とがんばりを認めてあげましょう。

【小学生～中学生以降】何を聞いても何も話さなくなったとき

OK

「やってほしいことがあったら言ってね」「してほしいことがあったらいつでもやるよ」と伝える

NG

「なんで何も言わないの！」「言ってくれなきゃわからないじゃない！」としつこく何度も聞く

Let's Try!

しつこくしない。見守っていることを言葉に出して伝える

言葉は知っていても、感情を表現したり伝えたりするのが難しくなってくる年齢の場合、大人がいろいろと言葉がけをしても反応が薄くなります。子どもの年齢に応じて「見守る」ことが非常に大事です。

ここでポイントとなるのは**しつこくしないこと**。小学生のうちはまだ話してくれることもありますが、中高生になった子にしつこくすればするほど子どもの心は離れていきます。

子どもを見守り、応援している気持ちを言葉に出して伝えるだけに留めます。

「言わなくてもわかるはず」という気持ちは捨て、**見守っていることを言葉に出す**と伝わりやすくなります。

【小学生〜中学生以降】子どもが受験に失敗したとき

OK

今はつらいよね。でもお母さんは（お父さんは）ここまで毎日がんばっていたことがとても誇らしいよ。（その後）失敗しても何度でも人生はやり直せるし全力で応援するからね！

NG

受験のことは気にすることないよ！受験に失敗しても全然大したことないよ！

子どもの気持ちに寄り添いつつ、親は落ち込まない

子どもが「悲しい」「つらい」という感情を抱えているときに本人の気持ちと違うことを伝えても逆効果。子どもはそれ以上つらさを吐き出せなくなります。

「今はつらいね」などと**一旦は気持ちに寄り添う**と「わかってもらえた」と感じ、つらさを吐き出したいときは伝えやすくなります。

このときに**親も一緒に落ち込まないこと**です。親も落ち込んでいるのを見るとさらにつらく感じ、追い討ちをかけてしまいます。結果ではなく、「一生懸命がんばってくれたことが嬉しかったよ」などと伝えると子どもの安心感につながります。もし、親が失敗経験をもっていたら、その経験を伝えることも勇気づけになります。

その後、**「これからどうしたい？」と未来に向けたステップを踏みます**。受験の失敗は人生において素晴らしい経験値です。「失敗しても何度でもやり直せるよ！」と前向きな言葉を多くかけることで、子どもも徐々にポジティブな気持ちになります。

自己肯定感を育む方法③

話を聞く

「大切な存在である」と感じてもらう

親は子どもを「大切な存在」と思っていても、子どもにはそれがなかなか伝わっていないことが多いものです。

また、子どもは怒られたり否定されたりすることで「自分は大切な存在ではないのでは」と不安になることがあります。

そんなとき、毎日の生活のなかで**目を合わせて「そうなんだね」と肯定されながら話を聞いてもらえる**と、「自分は大切にされている」「大事な存在である」と感じることができます。「しっかり話を聞いてもらえるということは自分にはその価値があるんだ」と自然に感じられるようになり、自己肯定感が育まれていくのです。

「わかっているけどできないとき」でも大丈夫

子どもは「伝えたい！」と思ったことは親の都合に関係なく話してきますから、「いつでもしっかりと目を見て聞く」ということは難しいと思います。

子育て中は「わかっているけどできない」という状況の連続なのではないでしょうか。ですので、**話を聞けない状況のときはできる範囲で構わない**のです。

「絶対に話を聞かなくては」と親側が自分を追いつめて苦しくなってはいけません。できる範囲で、できることからすればいいのです。もしも子どもの話を聞けないときには、**「手が離せない理由」と「あとで聞かせてもらいたいと思っているよ」ということを伝えておく**と、子どもは「大切にされていない」とは思わないでしょう。

ポイント

- ■子どもと目を合わせて、肯定しながら話を聞くことが大切
- ■話を聞けない状況の場合はそのことを伝える

「ねえ！これ見て！これね…」と読んでいる本の説明をしてきたとき

OK

「今○○で手が離せないの。あと○分で終わるから待っていてもらえるかな？終わったらゆっくり聞かせてね」「待っていてくれてありがとう。さっきの続きを聞かせて」

NG

「今忙しいからあとにして！」と頭ごなしにさえぎり、あとになっても聞かない。「ふーん、そうなんだ」と生返事をする

すぐに聞けない場合は「○分後」など時間を明示する

子どもを拒否したのではなく、時間に都合がつかないことを理解してもらうために、「あとで話を聞きたいと思っている」という気持ちを伝えておきます。ここでは「待つ」という行為を覚えてもらういいチャンスです。

そして、待たせてしまったら待っていてくれたことに感謝の気持ちを伝えると、次からも待ってもらいやすくなります。

また、子どもの目を見て相づちを打つことも大切ですので、生返事をせず、子どもの目を見てうなずきながら聞き、自分の状況を伝えましょう。

CASE 02

「あのね、今日妖精さんとお友達になってね…」と空想を話してきたとき

OK

「そうなんだね、妖精さんとお友達になったんだね」と伝える

NG

「何言ってるの、妖精なんていないでしょ」と全面的に否定する

子どもの空想やウソを否定しない

大事なのは、**子どもが「自分は話を聞いてもらえる存在だ」と感じられること**です。

「空想の世界にばかりいると心配」という方もいらっしゃるかもしれませんが、空想は子どもの大事な世界です。年齢が上がるにつれて空想の世界と現実の世界との区別はしっかりとついてきますのでさほど心配する必要はありません。空想の世界を否定せず、大人も楽しんで聞いてあげると子どもの想像力はどんどん広がっていきます。

とはいえ、大人も決して無理をせず、できる範囲でできることからトライしてみるとよいでしょう。

自己肯定感を育む方法④

子どもの言ったことを繰り返す

子どもが話してきたら**言ってきたことをそのまま繰り返す**、ただそれだけです。

大人はついよかれと思ってアドバイスや励ましをしがちですが、「ただ話を聞いてほしい」と思っていた子どもは不満を感じることがあります。アドバイスや指摘は、「どうしたらいいと思う?」と求めてきたときのみで十分です。

大人も話を聞いてほしくてパートナーに伝えたら、アドバイスや解決方法を指南され、「ただ話を聞いてほしかっただけなのに…」ということがあるでしょう。

子どもも同じです。解決方法を知りたいわけでもなく、**ただ自分の気持ちを聞いてほしい**のです。その気持ちを大切にするために、否定したり頭ごなしに決めつけたり、アドバイスをしたりせず、そのまま繰り返します。同じ言葉を繰り返しただけで子どもは「わかってもらえた」という気持ちになります。

さらに重要なことは、**もし子どもの話を繰り返せなかったとしても自分を責めないこと**です。「あ、また子どもを否定してしまった！」「あ、また決めつけちゃった！」、そんなときはあとで謝れば大丈夫。大人だって失敗するし間違うこともあります。「**大人が無理をしない**」ことも非常に重要なポイントです。

オウム返しのポイントは次の４つです。

①子どもの言ったことをそのまま繰り返す
②頭ごなしに決めつけない
③否定しない
④もし決めつけたり否定してしまったら、素直に謝る

ポイント

- **子どもは、ただ自分の話を聞いてほしくて話すことが多い**
- **無理をしない範囲で、子どもが話したことをそのまま繰り返す**

CASE 01

今日こんなことがあってすっごくくやしかったんだ。すっごいムカついたよ！

OK

そんなことがあったのね、くやしかったんだね。それで頭にきたんだね

NG

それってあなたが何かしたんじゃないの？なんでそんなことでムカつくの？大したことないじゃない。よくあることよ

否定せずにそのまま繰り返す

大人にとっては大したことでなくとも、子どもにとって重要なことはたくさんあります。子どもは何かアドバイスがほしいわけでも、解決してほしいわけでもなく、ただ「**聞いてほしい**」のです。この気持ちをただ共有したいだけなのです。

それなのに、頭ごなしに「あなたが何かしたんじゃない？」と言われると気持ちを全然わかってもらえず、反発心も生まれます。

そういったことが続くと「どうせわかってもらえない」と自己肯定感が低くなってしまいますし、段々と話をしてくれなくなります。

CASE 02

先生はいつも◯◯ちゃんばかりひいきしてずるいんだよ！

OK

そうなのね、先生は◯◯ちゃんばかりひいきしているんだね。ずるいって思っているんだね

NG

え？ 先生ひどいね。それはダメな先生だね。先生に文句を伝えようか？

子どもの気持ちを受け止め、先生の悪口を一緒に言わない

詳しい事情も知らず、親が先生の悪口を一緒に言ってしまうと、子どもは先生を尊敬しなくなり、そのうちバカにするようになります。

子どもの気持ちを否定することなく、そのままオウム返しをしてあげることで、子どもはわかってもらえた気持ちになりますし、親は先生の悪口を言わずに済みます。

同じことが続いた場合、**「あなたはどうしてほしい？」と聞いてみる**とよいでしょう。子どもが「先生にひいきしないように言ってほしい」と訴えてきたら、「じゃあ先生とお話をしてみるね」というように対応します。

自己肯定感を育む方法⑤

がんばりをねぎらう

すでにがんばっているのに「がんばれ」と言わないで

最近よく聞くようになった「ほめる育児」というのがあります。ほめることはとても大切ですが、ただほめればいいわけではありません。

第5章の「上手なほめ方・叱り方」で詳しく説明しますが、子どもに対してはほめるだけでなく「**がんばりを認めてねぎらうこと**」も重要です。

大人は励ますつもりで「がんばれ」と声をかけることがありますが、もうすでにがんばっているのに「がんばれ」と言われると、子どもは余計につらくなってしまうことがあります。**子どもは子どもなりに毎日一生懸命取り組んでいる**のです。

ぴーんと張った糸を思い浮かべてみてください。これ以上張れないのにもっと引っ張ろうとすると切れてしまいますよね。子どもの心も同じです。

がんばっているのにさらに「がんばれ」と言われたら、今までの努力を認めてもらえず、否定されたような気持ちになってつらくなるのです。

単に「がんばれ」と言うのではなく、**そこまで取り組んできた過程を認め、「がんばっているね」とねぎらってもらえたほうがかえってやる気と元気が出てきます**。

「がんばれ」という言葉は日常生活のなかでいつも使うのではなく、**「ここぞ！」というときに使う言葉であり、「あと一歩！」のときに背中を押すために使う言葉**です。

ポイント

- **ただ「がんばれ」と言うのではなく、その過程を認めて声をかける**
- **「がんばれ」は、「ここぞ！」「あと一歩！」というときに使う言葉**

ピアノの発表会で間違えて落ち込んでいるとき

OK

くやしいと感じるのは毎日がんばった証拠だね。
毎日練習を欠かさずに取り組んできことがとても誇らしいよ

NG

発表会で間違えるなんて恥ずかしいよね、練習が足りなかったんじゃないの？
次は絶対に失敗しないようにもっと練習しないとね！

子どもに対して「恥ずかしい」などの言葉は使わない

子どもに対して「人の目」を気にするような言葉を使うと、「親は人の目や世間体が大事で、自分のことを大事に思っていないのでは」と感じてしまいます。

注意しなくてはならない場面でも、「大声なんてみっともないよ」「いい子にできないなんて恥ずかしいよ」などと言ってしまいがちですが、「小さな声で話そうね」「静かに座って待っていようね」と**子どもがするべき行動を伝えればよい**だけです。「恥ずかしい」や「みっともない」という言葉を使う必要はありません。

親に悪気はなくても、「恥ずかしい」「世間体がわるい」「みっともない」と使ってしまう方は意外と多いのですが、これは気をつけてもらいたい言葉の1つです。

テストで目標の点数や順位が取れなかったとき

OK

毎日がんばったよね。目標点数にいかなかったのは残念だけど、すぐに結果につながらないこともあるよ。今までの努力はあとからついてくるから、できることがあったら言ってね

NG

なんでこんな点数しか取れないの！　勉強の時間が足りてなかったんじゃない？　もっとがんばらないと受験に失敗しちゃうよ！

「がんばっているね」とまずは努力をねぎらう

子ども自身はがんばっているのにさらに「がんばれ！」と親から言われると、心の糸が切れてしまいます。普段から努力している真面目な子ほど結果が不本意な場合、本人が一番つらいのです。

まずは普段の取り組みを認め、「がんばっているね」と**毎日の努力している過程や姿勢を認めましょう。**

がんばっていることをねぎらってもらえると、「普段の自分のがんばりを見てもらえていたのだ」と嬉しくなり、元気がわいてきます。

自己肯定感を育む方法⑥

「ありがとう」を伝える

「ありがとう」は最高で最強の言葉

子どもの自己肯定感を育むために、一番簡単で一番有効な言葉は「**ありがとう**」です。「ありがとう」と感謝の気持ちを伝えられれば子どもは嬉しいと感じ、「感謝してもらえる存在なんだ」と存在価値を感じます。お礼を言ってもらえる存在、「つまり自分はいらない存在ではない」ということです。

自己肯定感が低い子どもは「自分はいらない存在だ」と思っているので、「ありがとう」をたくさん伝えることで存在価値が高まり、自己肯定感が高まっていくのです。「ありがとう」は、自己肯定感を育む最高で最強の言葉です。

小さなことでも「ありがとう」

どんなに小さなことでも「ありがとう」「助かったよ」と口に出して伝える。たったこれだけのことなのに、子どもは「自分のことを見てもらえた」と感じます。

仕事の仲間や友人にはしっかりと感謝の言葉を伝えられるのに、親しい間柄である親子だからこそ伝え忘れてしまうことがあります。

「言わなくてもわかるでしょう」と思わずに、しっかりと口に出して伝えましょう。たとえなんとなく伝わっていたとしても、言葉に出して伝えてもらえると、とても嬉しいものです。

「ありがとう」は連鎖する

日頃から「ありがとう」という言葉を聞いている子どもは、**自分も「ありがとう」**

と言えるようになります。親が「感謝しなさい！」「ありがとうって言いなさい！」と無理矢理言わなくても、自ら「ありがとう」が言える子どもに育っていきます。

すると子どもは親や周りの大人に対しても感謝を伝えるので、周りにいる大人たちの自己肯定感も高まります。

感謝されて嬉しいのは大人も子どもも同じです。みんなが「ありがとう」を伝え合うとお互いに存在価値が高まり、自己肯定感も高まる。

心のなかで思うのではなく、「ありがとう」を言葉に出して伝え合うと、「ありがとう」の連鎖がどんどん続いていくのです。

ポイント

■「ありがとう」は、自己肯定感を育む最高の言葉
■どんなに小さなことでも「ありがとう」を口に出して伝える

子どもが自分で靴をそろえてくれたとき

靴をそろえてくれたんだね、ありがとう！
玄関が整っていると気持ちがいいね！

何も言わない

感謝の気持ちと「気持ちがいいね」を共有する

子どもが自ら行動したことに対して「ありがとう」と伝えると、「見ていてもらえた」と嬉しくなります。

子どもにとって嬉しいのは**自分をしっかりと見ていてもらえること、自分に興味をもってもらえること**です。「あなたのことをちゃんと見ているよ」というメッセージを伝えることで、見ていてもらえる安心感からいろいろなことに興味をもち、行動に移せるようになります。

また、自分がした行為が「気持ちいい」と言われるとさらに嬉しくなり、「またやろう！」という気持ちがわいてきます。

食器を片づけてくれたとき

食器を片づけてくれてありがとう！
ほんと助かるよ！

お手伝いはしてくれて当然だよね！
できれば毎日やってよね！

毎日のことであっても口に出して感謝を伝える

毎日のお手伝いは日常生活のなかの一コマかもしれません。

しかし、そこでも「ありがとう」を伝えることで、子どもは自分のしていることが役に立っていると日々感じることができます。

私たち親側も、たとえば食事を作るのがあたりまえだからといって何も言われないとさびしい気持ちになりますが、「おいしいごはんを作ってくれてありがとう」と言われると「またおいしいものを作ろう!」という気持ちになりますし、「いつもやさしくしてありがとう」と言われるとイライラしていたとしてもふとゆるみます。

それと同じで、食器を片づけてくれたことに関しても感謝の思いを伝えるようにしましょう。日常生活のなかで小さなことでも「ありがとう」をたくさん伝え合うことで嬉しい気持ちがわいてきますし、何よりお互いやさしい気持ちになれますよね。心のなかでだけでなく、口に出して伝え合いましょう。

Chapter 4

子どもがのびのびと育つための心のコントロール方法

～アンガーマネジメントのコツ～

親が感情をコントロールできるようになると期待できる効果

子どもは親の感情をしっかりと感じ取っている

子どもは親の感情を見ていないようでとても敏感です。「何も言わない」「反応がない」からといって見ていないのではなく、**どう対処していいのかわからず、見てみぬふりをしていることが多い**のです。親が不安を感じたりイライラしていると、子どももその感情に振り回されて不安を感じたり、イライラします。

子どもがそうした感情を目の前で発してくれればまだいいですが、親に心配をかけまいと家では「いい子」を演じ、外で感情を爆発させることもあります。親の不安やイライラが子どもに連鎖し、その不安やイライラがお友達に連鎖する…。

負の感情の連鎖を断ち切るためにも、まずは**親が感情をコントロールできるように**

なることがカギになります。子どもは親の感情に振り回されることがなくなり、**自身の感情を素直に出すことができるようになります。**

親に怒鳴られたり、気持ちや行動を否定されると子どもは自信がなくなり自己肯定感が下がります。しかし、親が感情をコントロールできるようになると、**自己肯定感を下げることなく自分に自信をもつことができる**のです。

さらに、親から感情的に怒られなくなるため、**大人は恐怖の対象ではなくなり信用することができ、困ったときに相談しやすくなります。**話を聞いてもらえるため信頼関係が生まれ、この循環こそが自己肯定感の育みです。

大人が感情をコントロールできるといいことだらけですが、「大変な子育て中にさらに感情のコントロールと言われても……」と感じられるかもしれません。ですので、ここではとても簡単で誰にでも実践しやすいものばかりを紹介します。

状況に合わせた心のコントロール方法を知ろう

親が感情のコントロール方法を事前に知っておき、普段からトレーニングをすることで気持ちに余裕が生まれ、いざ感情に振り回されそうな場面で実践できるようになります。イライラしてどうしようもないときなど、**その時々に合わせた対処法をとることで徐々に心おだやかに過ごせるようになる**のです。

親が感情をコントロールすることで子どもも安心し、心から笑えるようになります。親の顔色を見て行動したり、イライラをぶつけられることなく過ごすことができれば、子どもものびのびと育つことができます。

しかし、これも「できることからできる範囲で」が基本です。がんばり過ぎず、少しずつできそうなところから無理はしないことが大切です。もし、心も体もいっぱいいっぱいになって怒鳴り散らしてしまったとしても、どうか自分を責めないでくださ い。真面目に子育てをしているから疲れるし怒るのです。そこは自戒ではなく、「私がんばっているね」とまずは自分をほめて心と体を休めてください。

ポイント

- ■親が感情的に怒らないと、子どもは大人に相談しやすくなる
- ■親が感情をコントロールできると、子どもも安心してのびのび育つ

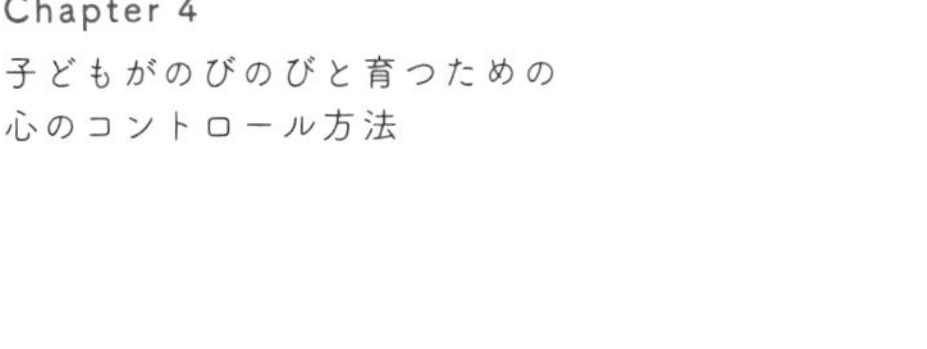

イライラはアンガーマネジメントで対処する

アンガーマネジメントは「怒らなくなること」ではない

「**アンガーマネジメント**」と聞くと「怒らなくなること」と思われる方が多いと思いますが、決してそうではありません。

アンガーマネジメントは「**怒りで後悔しないこと**」を目指しています。怒りすぎて後悔しているなら、それは怒る必要のなかったこと。怒らなくて後悔しているなら、それは怒る必要があったのです。

アンガーマネジメントは「怒る必要のないことは怒らないようになる」「怒る必要のあることは上手に怒る」という線引きができるようになることです。上手に心をコントロールし、**怒る必要があることは上手に怒る（叱る）ようになればいい**のです。

子どもと真剣に向き合うからこそイライラしてしまう

ただ、どんなに心のコントロールをしなさいと言われようが、冷静になりなさいと言われようがイライラしてしまうのが子育ての現実。私も頭ではわかっていてもイライラして子どもに怒鳴ってしまった経験は何度もあります。

なぜなら**子育てはいつだって命と向き合う真剣勝負だから**です。365日24時間子どもと真剣に向き合っているからこそイライラしてしまうのです。

子どもがケガをしないように、ちゃんとルールを覚えられるように、社会に出て困らないように、「守らなきゃ、教えなきゃ」とみなさん一生懸命ですよね。だから子どもが危険なことをしたりルールを守らなかったら叱るし、部屋を散らかしたら「片づけなさい!」と大声で言いたくもなるのです。わかります。

しかし、怒ったあとに後悔してつらいのは他でもない自分自身です。しかも、怒鳴るなどの叱り方では子どもの行動は改善しません（第5章の「叱り方のコツ」をご参照ください）。

ここでは自分もラクになれて、相手にも怒りをぶつけることがなくなる非常に簡単な方法を5つお伝えします。

少しずつトレーニングすることで、**徐々に心のコントロールができるようになることを実感できる**ようになります。スポーツやダイエットも毎日コツコツ続けることで結果が現われると思いますが、アンガーマネジメントも継続が大事です。

もちろん、スポーツと同じく、結果が出るときもあれば停滞することもあります。しかし、それを乗り越えてコツコツ続けることで、「あれ？最近感情のコントロールができているな」と感じる日が必ずやってきます。毎日怒ってばかりの母親だった私ですら改善できたのですから、「誰にでもできる」ということです。

ポイント

- **怒る必要があることは上手に叱れるようになればいい**
- **アンガーマネジメントもコツコツ続けることが重要**

アンガーマネジメント①

怒りを客観的にとらえる（スケールテクニック）

アンガーマネジメントの5つのテクニック

アンガーマネジメントには、次の5つの簡単なテクニックがあります。

①怒りを客観的にとらえる（スケールテクニック）
②怒ったことやイライラしたことを紙に書き出す（アンガーログ）
③落ち着きを取り戻す魔法の言葉を唱える（コーピングマントラ）
④深呼吸をするだけで気持ちは変わる（呼吸法）
⑤爆発しそうになったらその場から離れる（タイムアウト）

①怒りを客観的にとらえる（スケールテクニック）

イライラしたり、頭にきたときに「冷静になって」「客観的になって」と言われてもどうすればよいのかわからないですよね。冷静になれないから大声を出してしまうし、客観的になれないから間違った行動をしてしまうのです。

ただ、イライラしつつも上手にコントロールをしている方は実際にいます。そして、毎日怒ってばかりいた私もいろいろなコントロール方法のテクニックを知ってからは怒鳴ることはなくなりました。

アンガーマネジメントのテクニックは根本的な怒りがなくなるわけではありません。しかし、**「ついカッとなって怒鳴ってしまう」「余計な一言を言ってしまう」ということを減らすことができる有効なテクニック**です。

ここで紹介する「スケールテクニック」は、**自分の怒りを客観的に見られるようになる**ととても有効な方法で簡単に実践できます。

スケールテクニックは**自分の怒りの度合いを「数字」にして表します。**「0がおだやかな状態」だとして、「10が人生最大の怒り」だとすると、**「今の自分の怒りの度合いは何点なのだろう」**と考えるのです。

怒りの感情をコントロールするのが難しいのはその感情が目に見えないからです。

見えないからどう扱っていいのかがわかりませんが、その怒りが目に見える形であれば扱いやすいですよね。

たとえば気温自体は目に見えませんが、温度計を使えば何度かわかります。そして何度かがわかれば「今日は暑そうだから半ソデでいいな」ということがわかります。目に見えてその尺度がわかるとカーディガンを羽織る、半ソデを着るなどの対応策や事前準備ができるのです。

自分の怒りの度合いを「数字」で表す

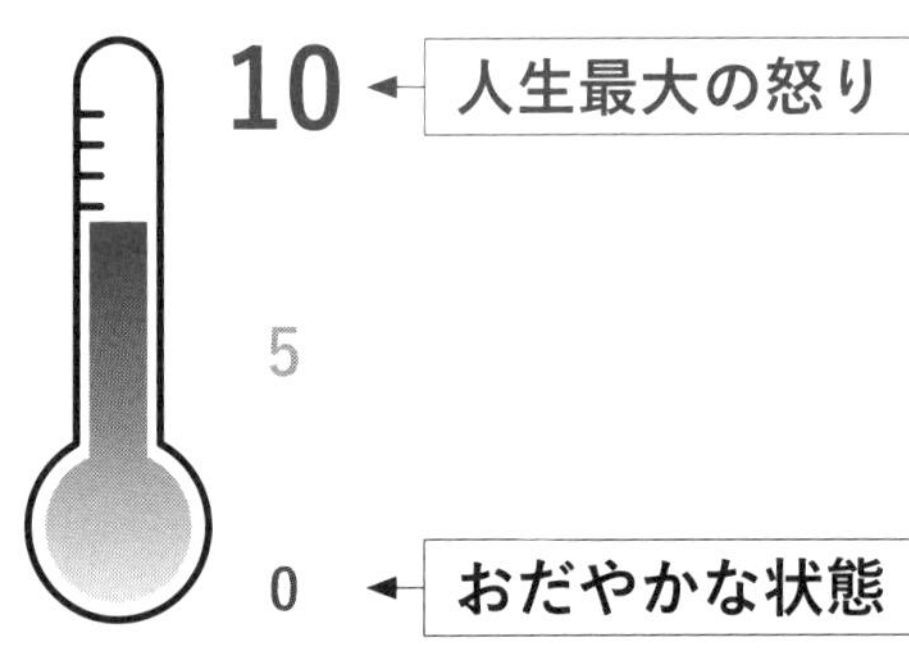

ⓒ一般社団法人日本アンガーマネジメント協会

怒りも同じです。怒りの感情は目には見えませんが、「どれくらい怒っているのか」というのはなんとなく感覚でわかります。

同じ「怒った」という感情でも、それが「人生最大級の怒り」なのか「ちょっとイラッとした」のではまったく違いますよね。その違いを「数値化」することで目に見えるようにし、**どれくらい怒っているのかを客観視し、どう対処策をとるのか、どう準備すればいいのかがわかるようになります**。

たとえば、「レベル2か。じゃあそんなに怒ることでもないな」「今の怒りは8！結構怒っているから一度冷静になってからしっかりと話し合おう」など、自分の怒りを客観視するクセをつけることで怒りに対して冷静になることができ、怒鳴ったり、怒りに任せた行動をしなくなります。

もしもイラっとしたら、**すぐに「この怒りは何点かな？」と振り返る習慣をつけてみる**と目に見えて感情的に怒ることが減ってくるはずです。

ポイント

■自分の怒りを「数字」にして客観的にとらえる

アンガーマネジメント②

怒ったことやイライラしたことを紙に書き出す(アンガーログ)

怒りを感じたり、少しでもイラッとしたときに記録をつけることを「**アンガーログ**」といいます。アンガーログはアンガーマネジメントの基本で、記録をつけることで**「自分が何に対して怒っているのか」「何に対してイラッとしたのか」**を客観的に見ることができ、**自分の怒りのパターンや傾向がわかる**ようになります。

アンガーログには次の4つを書き記します。

【アンガーログのつけ方】

①日時・場所
②起こった出来事・事実
③思ったこと、そのときの気持ち・感情

④怒りの強さ（1～10段階で表示。「スケールテクニック」参照）

この記録は日記のようにつけても、手帳でもスマホでも構いません。「アンガーログ」という専用のアプリもあるのでそれを利用するのもいいと思います。

大事なのは、**「いつどこで何に怒っているのか」「どんな気持ちだったのか」「どのレベルで怒っているのか」**が客観的にわかること。

「頭にきた」「イラついた」と書くのも最初はわるくないですが、頭にきた理由を考えると、「○○をしてくれなかったので**悲しかった**」「自分をないがしろにされているようで**さびしかった**」などの感情が隠れていることがわかります。そんな**感情に気づいて書けるようになると心の整理がとてもしやすくなります**。

相手にただ「ムカつく！」と怒るのではなく、「私はこんなことが悲しかったんだよ」「こんなふうに感じてさびしかったんだよ」と元にある感情を伝えると、相手にも怒っている理由が伝わりやすくケンカになりにくくなります。

アンガーログは**自分の怒りの傾向と対策を立てるのに非常に役立つもの**です。記録を見返していつも同じ事柄で怒っているならそれは改善が必要ということ。また、同じ周期でイライラしているなら仕事が忙しくなる時期やホルモンバランスが関係しているかもしれないことがわかります。

落ち着いた状態で記録を見ることで、「これは話し合いが必要」「この方法で改善できるかもしれない」など客観的に傾向と対策がわかるようになります。

【アンガーログ例1】：怒りレベル6

＊○月○日　自宅リビング

＊子どもが何度言っても部屋を片づけない

＊もう、なんでいつもこんなに散らかすの！「片づけなさい！」と子どもに怒鳴り散らした。なぜ言うことを聞いてくれないのだろう。親として認められていない感じがして悲しい…。

《考　察》

記録をつけていると、**同じ内容でもレベルが違う**ことがあります。前回の「部屋を片づけない」はレベル1だったのに今回はレベル6なのは**「毎日」が積み重なったから**です。片づけないことはレベル1かもしれませんが、毎日積み重なってレベル6となり、怒鳴るという行動になってしまったのです。

何度言っても伝わらないと悲しくなってストレスも溜まりますが、それでも部屋を片づけてくれないのは「**伝え方が間違っていた**」からです。

子どもは散らかっていても困らず、困るのは大人側です。怒鳴るのではなく、「**〜に困っているよ**」「**〜してくれないと悲しいよ。だから〜してくれると助かるよ**」など落ち着いて言うと子どもに伝わりやすくなります。

また、片づけができない子は片づけ方がわからない場合が多いので、子どもの目線になって、「子どもが見やすい高さか」「持ちやすい重さや形か」などを一緒に1つひとつ確認すると子どもも片づけやすくなります。

【アンガーログ例2】…　怒りレベル5

＊○月○日　××駅のホーム

＊歩きスマホをしている中年男性が、ベビーカーに「邪魔だ！」と言ってきた。

＊自分は歩きスマホをしているくせになんなの！　ベビーカーに文句を言うなんて最低すぎる！　腹が立ちすぎてイライラが止まらない！

《考　察》

「歩きスマホはすべきではない」という気持ちがベースにあるので、ルールを守らない人を見ると怒りが込み上げてしまうようです。さらに、大事な子どもが乗っているベビーカーに「邪魔」と言うなんて親としてはありえない行動に映ります。

しかし、冷静になって考えるとこの相手はあなたの人生で関係の深い人でしょうか？　また会うでしょうか？　違いますよね。だとしたら、怒りを引きずるよりも**遮断すべき相手**です。今度こういう人に会ったときは「**私の人生ではもう関わることのない人**」とバッサリ切り離すことで、怒りを引きずることがなくなります。

ポイント

■アンガーログは、アンガーマネジメントの基本

■アンガーログは、自分の怒りの傾向や対策を考えるのに役立つ

アンガーマネジメント③

落ち着きを取り戻す魔法の言葉を唱える（コーピングマントラ）

自分自身に「落ち着く言葉」をかける

「イラっ！」とした瞬間に試してほしいことがあります。

それは自分を落ち着かせるための「**魔法の言葉を唱える**」ことです。「そんな魔法の言葉なんて存在しない！」と思う方もいらっしゃるかもしれませんが、ここはだまされたと思ってぜひ試してみていただきたいのです。

イライラしたとき、落ち込んだとき、つらいときなどに誰かから温かい言葉や寄り添いの言葉をかけられると心が落ち着いたり、気持ちが晴れたりしますよね。それと同じように**自分自身で落ち着く言葉をかけてあげる**のです。

人の脳はかけられた言葉に反応するようにできています。今、みなさんに「絶対に赤いリンゴを想像しないでくださいね」と何度も繰り返したあと、「赤いリンゴ」と伝えたらどうでしょう？ おそらく赤いリンゴを頭のなかで想像してしまうのではないでしょうか。

人はかけられた言葉に反応するようにできています。ですから、もしもイライラしてしまったら、ぜひ「落ち着く言葉」を自分にかけてみてください。**脳はきっとその言葉に反応し、落ち着きを取り戻してくれます**。

事前に「落ち着く言葉」のリストを作る

この魔法の言葉を唱える方法はとても簡単です。**イラッとしたとき、むかっとしたときにただ自分で唱えればよい**のです。

しかし、いざ怒っているときにいきなり落ち着く言葉を考えるのは至難の技ですので、**事前に落ち着く言葉のリストを作っておきます**。気持ちが落ち着くような言葉であればなんでもいいので、たくさんリストアップしておきましょう。ただし、そこに攻撃的な言葉は入れません。必ず落ち着く言葉を挙げておきます。たとえば、

「大丈夫、大丈夫、大丈夫」

「大したことない、大したことない、大したことない」

「落ち着こう、落ち着こう、落ち着こう」

「ネタにしよう、ネタにしよう、ネタにしよう」


など自分が落ち着ける言葉をかけてあげます。

私自身は、いつも「I forgive you!」（許しちゃる！）と10回くらい唱え、さも寛大な人物になったつもりで落ち着くようにしています。

イラッとしたら魔法の言葉を唱えることで、言わなくてもいい一言を言ってしまったり、物に八つ当たりをしたりすることが減ってくるはずです。

ポイント

■「落ち着く言葉」のリストを作り、イラッとしたときに唱える
■落ちつく言葉を唱えることにより、余計な一言などが減る

アンガーマネジメント④

深呼吸をするだけで気持ちは変わる（呼吸法）

イライラしたり、怒っているときは脳も体も戦闘モードです。自律神経が優位になり、いつでも戦えるように神経を高ぶらせています。脳も体もそんな状態ですから、つい攻撃的になったり、余計な一言を言ってしまいがち。

そんなとき、手軽にいつでもどこでもできるのが「**呼吸法**」です。交感神経が優位になって興奮状態にある自律神経をリラックスモードに変え、副交感神経を優位にさせます。**呼吸法を実践するだけで、緊張状態にある身体はゆるんでいきます**。

【呼吸法】

①背筋をまっすぐにし、体の力を抜く（座っている場合は手を軽く組んで足の付け根あたりに置く）

②軽く目を閉じる（立っている場合は危険なので閉じなくてもＯＫ）
③最初に息を最後まで吐き切る
④鼻から「ゆっくり」と吸う（6～10秒）
⑤鼻から「ゆっくり」と吐く（6～10秒）
⑥鼻のなかを通る空気を意識しながら、数分間呼吸を繰り返す

たったこれだけで、気持ちが劇的に変わります。立っている場合も座っている場合もできますし、集中することができれば電車やバスのなかでも行えます。

ポイントは**「ゆっくり」息を吸ったり吐いたりすること。吸うのも吐くのもできれば6～10秒くらいかけて行うのがよい**です。

そうすることで、意識が怒りの対象から鼻のなかを通る空気にシフトされ、呼吸に集中することでイライラがおさまり、どんどん気持ちが落ち着いていきます。

ポイント

■呼吸法によってリラックスモードに入る

アンガーマネジメント⑤

爆発しそうになったら その場から離れる（タイムアウト）

心が落ち着くまでその場から離れる「タイムアウト」

時には爆発しそうになることがあると思います。そうしたときに「売り言葉に買い言葉」で余計な一言を言ってしまったり、その場にある物に当たってしまったり、最悪なパターンのときは手が出てしまう場合もあるかもしれません。

そんな「もうダメだ！」と思ったときには**「タイムアウト」（その場から離れること）**をしてください。

タイムアウトとはスポーツ等で試合を中断して作戦を練り直す時間のことです。白熱しすぎて選手が焦っている状態になったり、我を忘れたプレーをしているときなどにタイムアウトを取ります。それと同様に私たちもタイムアウトを取るのです。

タイムアウトを取る際は黙っていなくなったりせず、**相手に伝えてから離れるようにします。**そして一度その場から離れ、呼吸法を試したり、音楽を聞いたりして**心を落ち着ける行動を意識的に取ります。**

心が落ち着いたなと感じたら、もう一度戻り、冷静な状態で話をします。

【タイムアウトの方法】

①「爆発しそう！」と思ったらその場を離れる決意をする

②宣言をしてから離れる

例：「今、頭に血が上っているから5分くらい時間をちょうだい。落ち着いたら戻ってくるね」

例：「ちょっと冷静になるためにトイレに行ってくるね。すぐに戻ってくるから」

③離れたらリラックスできる方法を試す

・呼吸法をする

・コーヒーを飲む

・音楽を聴く
・ストレッチをする
・かわいい動物の写真、きれいな風景など自分が落ち着く写真を見る　など
④戻ったら、待っていてくれたことに対しお礼を伝えて冷静に話し合う
＊POINT① 離れる際は捨てゼリフを吐いて出て行ったり、ドアを「バタン！」と大きな音を立てて閉めたりしない
＊POINT② タイムアウト中は極力ケンカのことやイライラの内容から離れ、リラックスすることに集中する

タイムアウトのいいところは**相手も自分も傷つけずに済むところ**です。

怒りに任せた言動をしてしまうと、相手を傷つけることにもなりますし、自分もあとから後悔することになります。そうならないためにも「まずは落ち着こう」とその場を離れるのです。

その場の状況に合った方法を選択できるように意識する

これまでお伝えした5つの方法はすべて「**落ち着くため**」のものです。決して怒りが元から消えるわけではないですが、怒りに任せた行動をすることがなくなります。

イライラが止まらないときには「アンガーログ」をつけてみる。爆発しそうなときには「タイムアウト」を取る。タイムアウトや深呼吸はできない状況だけど、こっそり頭のなかで「コーピングマントラ」を唱えるなど、**その場の状況に合った方法を自然に選択できるように、普段から少しずつ意識していくことが大切**です。

私たち大人が感情をコントロールできるようになれば、子どもに八つ当たりすることもなく、子どもが学校でお友達へ八つ当たりすることも減っていきます。

1人ひとりがアンガーマネジメントを習得し日々トレーニングすることで、子どもは親の顔色を伺うことなく、**自己肯定感が下がることもなくのびのびと育つことができるようになります**。

また、親がアンガーマネジメントをしている姿を見せることで、子どもも自然にアンガーマネジメントができるようになります。

キレる大人を見続けるとキレる子どもになりますが、感情をコントロールし、冷静に対応する大人を見続けた子どもはその方法を見て学んでいきます。子どもたちのお手本になれるように日々トレーニングの積み重ねが大切です。

しかし、「やはり子育て中はどうしても…」ということは多々あると思います。もしついカッとなって子どもに怒鳴ってしまったらしっかりと謝り、また次の日からやり直せばＯＫです。「怒ってしまうのはそれだけ一生懸命やっているのだ」とまずは自分のがんばりをほめてあげましょう。必要以上に自分を責めたり、ダメな親だと思うようなことはせず、できるところからできる範囲でがんばればいいのです。

ポイント

■アンガーマネジメントは日々のトレーニングの積み重ねが大切
■状況に合った方法を意識し、できる部分からできる範囲で取り組む

Chapter 5

子どもが自立する上手なほめ方・叱り方

上手なほめ方のコツ

ほめ方を変えるだけで安心感が生まれ、やる気が出る

「上手にほめる」のは簡単そうで実は難しいのです。「叱らない育児」や「ほめる育児」という言葉だけが一人歩きしてしまい、「叱らなくてはいけない場面であっても叱らず、なんでもかんでもほめる」ことをしている方もいらっしゃるかもしれません。しかし、ほめる育児はただほめればいいわけではなく、変なほめ方をしてしまうと子どもはなんでもほめられることがあたりまえになってしまいます。

幼児期はそれでもなんとかなりますが、**ほめられることが目的で行動することを覚えた子どもは大人になったときに自分の意思で決めることができません。**ほめられることだけを選択するようになり、自分のしたいこと、やりたいことがなんなのかを見失ってしまうのです。そうなってしまっては自分の力で生き抜く子どもにはなりません。

また、親が「ほめてやっている」という気持ちがあると子どもはそれを見抜きます。子どもをしっかりと見て、存在や言動を認め、**心から素直にほめていること**が子どもに伝わらなくてはいけません。簡単そうで難しいですよね。

子どもは自分がしたことのどこがよかったかなどを具体的にほめられると「しっかりと見てもらえている」という安心感が生まれ、「また次もがんばろう」という気持ちになります。その**よい循環の繰り返しが子どものやる気を生み出していく**のです。

「いい子ね」「お利口さんね」に潜む弊害

「いい子ね」「お利口さんね」という言葉はとてもよく聞きます。そして「いい子」「お利口さん」と言われると子どもは嬉しいのでもっとがんばろうとします。ですので、とてもいい言葉のように思われるでしょうし、使いやすいほめ言葉です。

しかし弊害もあります。ずっと「いい子」と言われ続けた子は「いい子」であろうとして大人の顔色を見て、**自分のしたいこと、やりたいことを我慢するようになります。**

「いい子」の反対は「わるい子」です。「わるい子」と言われたくないので「いい子」になろうとします。そして「いい子」を求められ続けると『いい子』でなければ自分は愛されない。『いい子』でなければ自分の存在価値はない」と思うようになり、自分の意思ではなく周りの人の顔色を見て物事を選択するようになります。

すると、大人になったときになんでも「どうすればいいですか？」と他人に意見を求めたり、自分の意思で決断ができない人になってしまいます。ほめるときには大切なポイントがあるのです。

ポイント

■心から素直に、具体的にほめることが大切

■具体的にほめることにより、子どものやる気が出るという好循環が生まれる

ほめるときの4つのポイント

ほめるときのポイントは4つあります。

①がんばった過程や姿勢をほめる
②できているところ、いいところに目を向ける
③行動や事実に焦点を当て具体的にほめる
④親がどう感じているかをI（私）メッセージで伝える

この4つのほめ方を意識すると、子どもはほめられるための行動ではなく、**目的をもってがんばれるようになります。自分のよいところが客観的にわかり、伸ばすための行動を自ら考えてできるようになります。**では、1つひとつ詳しくみていきましょょ

う。

①がんばった過程や姿勢をほめる

子どもがいい成績を取ったり、何か賞を取ったときに「すごいね！」とほめると思います。本当にすごいので「すごい！」と言って問題ありませんが、**それだけでは不十分**です。

いい成績を取ったり、賞を取るために「毎日がんばった」「日々努力した」という**継続した過程や努力がすごい**のです。「成績」や「結果」に注目すると、ほめられるためにカンニングをしたり、大人の顔色を見ながら行動するようになります。

また、成績や結果だけをほめると、結果を残せなかったときに「自分はダメな子だ」「1位でないと自分は愛されない」と自己肯定感が下がってしまいます。

結果を残せるのは日々努力したからです。そこに注目し、**がんばっている過程や姿勢を認め、言葉に出して伝えることが大切**です。

②できているところ、いいところに目を向ける

叱らずにほめたいと思っていても、「いざ子どもと向き合っているとどこをほめていいのかわからない」という方も少なくないと思います。

乳幼児期は、おもちゃは散らかしっぱなし、いつもイヤイヤばかりで毎日親を困らせてばかり。小学生になれば、宿題せずに漫画にゲーム、注意をすれば口ごたえという状況が続くと、「ほめるとこなんかない！」と思うこともあるかもしれません。

人間の脳は元々「できていない部分」に目がいくエラー検知能力を備えています。**できている部分よりもできていない部分に目がいってしまう**のです。片づけられていたときには何も気にならないですが、片づけられていない日には「片づいてない！」と思うような具合です。

しかし、子どもは子どもなりにがんばって毎日を過ごしています。乳幼児期は自我が芽生えて自分でいろいろとやってみたい気持ちがあるのに、うまくいかずにイライ

ラしているのかもしれません。小中高生であれば本当は朝寝坊したいのに毎朝学校へ行き、何時間も座って勉強をしています。

がんばっているところ、できているところに目を向け、**がんばっている「事実」に目を向ける**とほめるところはたくさん出てきます。できていないところを叱るのではなく、**できていることに目を向けてほめる、感謝する**ことを心がけると子どもは認められた気持ちになり、「またがんばろう」とやる気が出てきます。

③行動や事実に焦点を当て具体的にほめる

ほめるときに「えらいね」「すごいね」という言葉はよく使うと思いますし、それ自体がわるいわけではありません。

しかし、「どこが」すごいのか「何が」えらいのかをはっきりさせないと定型文のようなほめ方になり、子ども自身もどこがよかったのかがわかりません。

ただ単に「すごい」「えらい」と言うのではなく、足が速い子には「足の蹴る力も強いし、手もしっかり振れているね！」と子どもの行動に対する**具体的な事実やポイントを言語化して伝える**ようにします。

すると子どもは「手がしっかりと振れているのがいいのだな」「足の蹴る力を伸ばせばいいのだな」ということがわかります。そうすることで自分のよかったポイントがわかるようになり、「次はここをがんばろう」「次はこうしてみよう」という創意工夫の気持ちが自然にわいてきます。

④親がどう感じているかをI（私）メッセージで伝える

先に述べた3つのポイントを踏まえつつ、さらに親の気持ちを「**I（私）メッセージ**」で伝えることで、子どもは親の気持ちがわかり嬉しくなります。

I（私）メッセージとは、**相手（あなた）を主語にするのではなく「私」を主語にすること**です。

もしみなさんが職場やPTAなどで「あなたは優秀ですね！」とほめられる場合と

「**私は**あなたがいてくれたおかげでとても**助かりました！**」「**私は**あなたのような素敵な方と一緒のチームになれてとても**嬉しかったです！**」と言われた場合はどちらが嬉しいでしょうか。

「優秀ですね」と言われると嬉しい反面、自分自身ではなく「能力」や「外見」だけに注目されているようでプレッシャーにもなりますし、「いやいやそれほどでも…」と少し恐縮してしまいませんか。

逆に、相手が一緒にいることを「嬉しいと思ってくれている」「喜んでくれている」と感じられると、こちらもとても嬉しい気持ちになり、「よしまたがんばろう！」という気持ちが自然にわいてきますよね。

子どもも同じです。子どもに対して「あなたは優秀だね」「あなたは頭がいいね」という「能力」をほめる言葉はプレッシャーを与えます。そして、「優秀でなければ自分は認めてもらえない」と自己肯定感を低くしてしまう可能性もあります。

また、「美人だね」「かっこいいね」という外見のみに焦点を当てたほめ方をすると子どもは外見重視になってしまい、「自分は外見でしかほめてもらえない」と努力することをあきらめてしまいます。

「○○ちゃんがお手伝いをしてくれてとても助かったよ」
「○○君が努力している姿を見てとても嬉しかったよ」
「○○ちゃんが毎日がんばっているからお母さんも△△にチャレンジしようかな」
「○○君が自分で考えて行動してくれたから、お父さんも勇気がわいたよ」

など、親も子どもの行動でやる気や勇気が出たり、嬉しくなったりするのだということを伝えることによって、子どもも嬉しくなりやる気がわいてきます。これが**親子の好循環**です。

次ページより「**上手なほめ方**」の例を紹介します。

ポイント

■4つのほめ方を意識し、積極的に子どもをほめよう

【上手なほめ方】自分でお片づけができたとき

OK

自分でお片づけができたんだね！
きれいだと気持ちがいいね！

NG

お片づけできていい子だね！
お利口さんだね！

自分で取り組めたことを認め、気持ちがいいねと一緒に喜ぶ

「いい子だね！」と言うこと自体がわるいわけではありません。

しかし、「いい子かわるい子か」という基準で子どもをほめるようになってしまうと、子どももその基準をもつようになります。片づけがうまくできない自分は「わるい子」「きれいにできない子はダメな子」と自信がなくなります。そして、自分よりもできていない子を見つけて批判したりするようになります。

「いい子」「わるい子」の基準ではなく、「自分で考えて行動できたこと」と「片づけると気持ちがいい」ということを体感してもらうと、子どもは自然と片づけが身についていきます。

【上手なほめ方】部屋がきれいに片づいているとき

OK

部屋がきれいだと気持ちいいね！
いつもきれいに保ってくれてありがとう！

NG

何も言わない

できているときにほめる。感謝を伝える

年齢が上がってくると部屋がきれいなのが「あたりまえ」になってくると思いますが、「部屋がきれいだと気持ちいいね」という感覚をお互いにシェアし、きれいに保っていることに感謝を伝えます。

お礼を言われると嬉しいですし、きれいにしておくことで気持ちがいいという体験を繰り返してきた子どもは、散らかったときに「片づけよう」という気持ちが自然にわいてきます。

また、「片づけやお手伝いなどをすると相手が助かる」ということを体験してもらいます。「自分がした行動が相手の役に立ち、喜んでもらえる」ことは子どもにとってとても嬉しいことです。「助かった」「ありがとう」と言ってもらえることで、子どもはどんどん片づけやお手伝いをしてくれるようになります。

【上手なほめ方】水泳で一番になったとき

OK

水の抵抗が少なくなるように腕が回せていたね！
毎日コツコツ取り組んだ結果だね。毎日練習よくがんばったね！

NG

すごい、一番だね！　○○ちゃんより順位がよくてよかったね！
また次も一番が取れるようにがんばってね！

Let's Try!

ほかの子と比べず、「がんばった過程や姿勢」をほめる

がんばった結果として一番が取れたのですから、**その過程や姿勢をほめましょう。** そして、「努力していることをいつも知っているよ、いつも見ているよ」というメッセージも込めます。しかし、「次も一番を！」とプレッシャーを与えてはいけません。結果として1位が取れたことをほめても問題はありませんが、結果だけを重視したり、次も1位を取るようにプレッシャーを与えないようにします。

また、**ほかの子と比べて優劣をつけるような発言はしない**ことです。水泳の場合、日々の努力を認め、腕の動きや息継ぎなど、「どこが」よかったのかを伝える、誰かと比べるような発言はしない。競技について詳しいことがわからない場合は適当なことを言うのではなく、毎日のがんばりをしっかりと認めるだけで十分です。すると子どもは「自分のことを見てもらえている」と感じ、日々の練習を「またがんばろう！」とやる気がわいてきます。

CASE 04

【上手なほめ方】ゲームを時間通りにやめられたとき

OK

ゲームの時間の約束を守れたんだね。約束を守ってくれてありがとう！

NG

何も言わない。あたりまえという態度をとる

約束を守ればゲームをしても怒られないことを理解してもらう

「ゲーム＝わるいこと」というイメージがあるのは時間を守らずにやりすぎてしまうからです。大人でも楽しいことをやめるのは難しいのに、子どもが時間を守れたならそれはすごいことです。時間を守ってゲームをやめた努力を認め、「約束を守ってくれてありがとう」と毎回伝えることで時間を守れるようになっていきます。

どうしても守れない、隠れて遊んでしまう子どもはゲームに「依存」しなければならないような不安や心配事を抱えていることもあります。ゲームに依存することで不安を解消している場合もあるので、無理やりやめさせるのではなく、子どもの心に向き合いながら少しずつ様子をみるとよいでしょう。

一番よくないのは親がゲームを捨てたり、無理やり時間制限をして子どもに不満を抱かせるパターンです。親が勝手にルールを作るのではなく、しっかりと話し合って子どもが納得するルールを決めることで子どもも守りやすくなります。

【上手なほめ方】忘れ物で困るお友達に貸してあげたとき

OK

〇〇ちゃんが困っていることがわかったから
貸してあげたんだね！
自分で考えて行動できたんだね

NG

〇〇ちゃんに貸してあげてやさしいね～！
えらいね～！

自分で考えて行動ができたことを認める

「やさしい子」というのはとても素晴らしいことですが、それをいつも言ってしまうと子どもは「やさしい子でいなくてはならない」と無理をするようになり、「貸さない子はやさしくない子だからダメな子なんだ」と自分を責めてしまいます。大事なものであれば貸したくない場合もあるでしょうし、貸すことが必要だと感じなければ貸さなくてもよいのです。

やさしいことがいいのではなく、**自分で考えて行動に移せたことが素晴らしい**のです。自分で考え、行動できたことを毎回認めることで、子どもは自分で考え、どう行動するかを判断できるようになります。

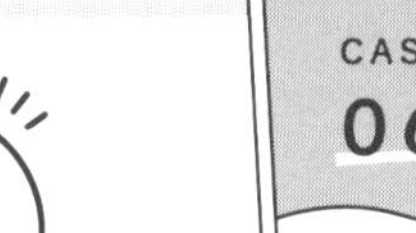

【上手なほめ方】絵が上手に描けているとき

OK

○○に描けているところが上手だね！
○○の部分が丁寧に書けていて、まるで動いているみたいに見えるね

NG

すごい絵だね！
上手に描けているね！

Let's Try!

細かい部分をほめる

ただ単に「上手！」や「すごい！」と言うのでなく、どこが上手なのか、どこがすごいのか細かいところまで伝えるようにします。

子どもはいつも「上手！」と言われていると適当にあしらわれているような気分になってしまいます。「細かいところまで見ているよ」というメッセージを込め、いいところや上手なところのポイントをしっかりと伝え、細かいところまで見た感想を素直に伝えます。

どこがよかったのかを伝えることにより、子どもは次からどうすればもっとよくなるのかも理解できるようになります。**ほめ上手は伸ばし上手**です。親の言葉がけが、子どもの能力をぐんぐんと伸ばしていきます。

上手な叱り方のコツ

ほめるより難しい叱り方

ほめ方よりももっと難しいのが「叱り方」です。

感情をぶつけるのが「怒る」、相手のためを思って伝えるのが「叱る」と一般的には言われています。しかし、感情的になってしまうとたとえ相手のためを思っていても相手には伝わりませんし、こちらは叱っているつもりでも相手は感情的に怒られたと思っているかもしれません。

職場のシーンを思い浮かべていただくとわかりやすいかもしれませんが、上司は部下のためを思って「指導」「教育」しているつもりが、部下にとっては「叱責された」

「パワハラを受けた」と感じることがあります。

では、どのようにすれば相手に正しく伝わるのでしょうか。

怒る・叱る場面は親の感情が高ぶっていることが多いため、ついつい大声を出してしまいがちです。しかし、感情的に怒ってばかりいると子どもは恐怖を感じて自分の気持ちを出せなくなり、親の顔色を伺うようになります。親の顔色を伺うような行動を取り始めると、**自分で意思決定ができない子になってしまいます**。

「自分の力で生き抜く子に育ってほしい」と願って厳しく育てているのに、親の怒り方が原因で意思決定ができない子に育ってしまっては本末転倒です。

子どもは「怒られたくない」ためウソをついてしまう

あまりに怒られてばかりいると、**子どもは怒られたくない一心でウソをつくようになります**。生まれつきウソつきな子どもはいません。子どもがウソをつくようになるのは「怒られる」という恐怖を繰り返し体験してきたからです。

子どもにウソをつかずにいてほしいならば、たとえそれが怒られるようなことであっても**親が事実を受け入れ、感情的にならずに「正しく叱ること」を繰り返し行うことが必要**です。そして必ず「正直に言ってくれてありがとう」と伝え続ければ、子どもはウソをつかずに正直に話してくれるようになります。

親だって人間

「上手に叱りましょう」と言われても親だって1人の人間です。感情的になってしまうこともあるでしょうし、時にはうまくいかないこともあります。

そんなときは、「ああまたやってしまった」「自分はダメな親だ」と責めてしまうかもしれませんが、親も人間ですから失敗することも間違うこともあります。

ですので、**失敗したり間違ったりしたら素直に子どもに謝ればいい**のです。「感情的に怒ってしまってごめんね」と言えばいいのです。

「親だから完璧でなくてはならない」ということは決してありません。「親も間違ったら謝る」という姿を見せれば子どもも素直に謝ることを覚えてくれます。

何よりも重要なのは、「怒っちゃうこともあるけれどお母さんは（お父さんは）あなたのことを嫌いになったりしないよ」「たとえ怒っても愛していることに変わりはないよ」ということを伝えることだと思います。

「怒る・叱る」ことと「嫌われる・愛されない」ことは別次元の問題だということを子どもに認識してもらうことで、子どもはたとえ怒られても「嫌われた」「愛されなくなってしまう」という不安を感じることがなくなり、自己肯定感が下がることもありません。

怒られたのは**自分がしてしまった「行為」や「事柄」であり、「自分自身」が嫌われたのではない**ということを理解してもらうのはとても重要です。

ポイント

- ■感情的にならずに「正しく叱ること」を繰り返す
- ■感情的に怒ってしまったら、素直に子どもに謝る

叱るときの４つのポイント

子どもを叱るときのポイントは４つあります。

①子どもなりの理由があることを忘れない
②決めつけたり過去をもち出さない
③おだやかな態度・言葉づかいをする
④「次から～してほしい」を伝え、一緒に解決策を考える

この叱るときの４つポイントを意識すると、感情的に怒鳴ることが減っていきます。また、叱られる子どもも親の顔色を伺ったり、「自分は嫌われている」「自分なんていらない子だ」と感じることもなくなります。では、詳しくみていきましょう。

①子どもなりの理由があることを忘れない

親から見て理解できないことであっても、子どもには子どもなりの理由があります。部屋を片づけないのは片づけ方がわかっていないからかもしれませんし、子どもにとっては片づけにくい配置になっていることもあります。

子どもの「やる気が出ない、やりたくない」という気持ちも立派な理由の1つです。やる気が出ないのであれば何か問題を抱えていることもあり、自己肯定感が低くなっている可能性もあります。

気をつけたいのは、**理由を知りたいからといって「なぜ」「どうして」を連発して聞かないこと**です。おだやかに1回だけ聞く場合は問題ありませんが、頭ごなしに「なんであなたはそういうことするの！」「どうして片づけられないの！」と言われると子どもは責められた気持ちになり萎縮してしまいます。

頭ごなしに怒らず、**まずは子どもと一緒に「事実」の確認をするようにします**。「部屋が散らかっているね」「宿題を忘れているね」などの事実確認です。

その際、「だらしがない」「ダメな子ね」など**子ども自身を否定するような言葉は絶対に使わないようにします。**してしまった「行為」や「事柄」を言うのはＯＫですが、本人を否定するような言葉を使うと自己肯定感が低くなるからです。

子どもは「責められた」「怒られた」ことは覚えていますが、**怒られた理由や改善点はほとんど記憶に残りません。**人は責められると「早くここから逃げたい！」ということばかり考えるからです。怒られている間はただその場が終わること、逃げることだけを考えるのでまた同じことを繰り返してしまうのです。

NGワード　「なんで」「なぜ」「どうして」

②決めつけたり、過去をもち出さない

「この前もそうだったよね」「あのときも同じことしたよね」と過去のことまでもち出されると、子どもは「またか」と思ってしまいます。「前回怒られているのに、また同じことで怒られるのか」と反省する気がなくなります。また、「いつもそうだよね」と決めつけると「いつもじゃないし！」と反発する気持ちも出てきます。

親が怒ったり叱ったりするのは「改善してほしいから」「言ったことを守ってほしいから」です。それなのに反発心を生んでしまっては「次からは守ろう」「ちゃんと言うことを聞こう」とはならないですよね。**伝えるときは今起こっていることのみに留め、決して過去をもち出したり、勝手に決めつけたりしないようにします。**

NGワード　**「この前もそうだったよね」「いつもそうだよね」**

③おだやかな態度・言葉づかいをする

どんなに正しいことでも、きつい言葉づかいや態度を取ると子どもは萎縮してしまい、言葉が耳に入っていきません。「こわい」「逃げたい」「早く終わって」という気持ちばかりがわいてきて話の内容は覚えていないことがほとんどです。

試しにしばらくしてから「あのとき怒られたことの内容を覚えている?」と聞いてみてください。きっと「あのときはすごくこわかった」ことは覚えていますが、「何が原因で怒られたか覚えている?」と聞いても「なんだっけ?」となると思います。

NGワード　**きつい言葉、大きな声、暴力的な行動**

④「次から～してほしい」を伝え、一緒に解決策を考える

部屋を片づけてほしい、宿題をしてほしい、お手伝いをしてほしい。これらの「～してほしい」ことをしてくれないから親は怒るのです。何度怒っても子どもが同じことを繰り返すのは**「改善すべきポイント」がわかっていないため**です。改善してほしいのであれば、**「～してほしい」とリクエストとして伝えます。**

そして、**できるための解決策を一緒に考えることも大切**です。「どうやったらできるかな？」を子どもと一緒に考えるのです。「遅刻しないために朝早く起きてほしい」ことを伝えても起きられない子は「どうやったら起きられるようになるかな？」と問い、いろいろな案を出し合います。

夜1時間早く寝る、目覚まし時計を増やすなどの解決できそうなプランを一緒に考えると、子どもも「よしがんばろう、達成しよう」という気持ちがわいてきます。親から一方的に言われるよりも、子ども自身が考えた改善方法のほうが本人もやる気が出て実践しやすくなります。１７８ページより「上手な叱り方の例」を紹介します。

一番大事なことは子どもの心の安全基地でいること

どんなに「ほめる・叱る方法」を知ったとしてもそれはテクニックでしかありません。繰り返しになりますが、ほめ方や叱り方がうまくできずに失敗しても自分を責める必要はありません。親もまた次からがんばればいいのです。

子育てで一番重要なのは**親が子どもの心の安全基地でいること**です。**子どもをしっかりと見て、子どもの心に寄り添う**。私はこれが一番大切だと思います。子どもも外に出れば七人の敵がいるかもしれませんが、戦って心敗れても家に戻れば心の安全基地がある。それこそが子どもが成長するうえでとても大事なことなのです。

ポイント

- **子どもを叱る際には4つのポイントを意識しよう**
- **大切なのは、親が子どもの心の安全基地でいること**

CASE 01

【上手な叱り方】食事中に席を立って遊び始めたとき

OK

食事中は席を離れてはいけないよ。
食べ終わってからゆっくり遊ぼうね！

NG

なんで食事中に立つの！
座って食べなさい！

食事のマナーと食べ終わったら遊べることを伝える

怒鳴られると、「怒られた」ことはわかっても「食事中は座って食べる」というマナーは伝わりにくいです。幼児期は遊びたい欲求がなかなか抑えられません。

まずは席を離れる行為がいけないことを認識してもらい、「遊びたい！」気持ちを否定せずに「遊びたくなったんだね」と受け止め、ルールやマナーを伝えたうえで「食べ終わったらゆっくり遊べるよ」とポジティブに言うと伝わりやすくなります。

ただ、こんなにうまくはいかないのが実情です。「食べ終わったらゆっくり遊ぼう」と伝えてもおそらく「やだ！」と言われることのほうが多いでしょう。

その場合はもう一度ルールを伝え、「せっかく作ったのに食事が冷めてしまったらお母さん（お父さん）は悲しいよ」「座って一緒に食べてくれるとお母さん（お父さん）は嬉しいよ」と親側の気持ちを伝えます。すると子どもは自分がしている行為が親を悲しませたり、喜んでもらえる行為だと認識し、やめるようになります。

【上手な叱り方】危ないことをしたとき

OK

○○だと△△して危ないからやめよう

NG

あっ、ダメ！　やめなさい！

何が危険なのか、どういうことが起こるのかを理解させる

道路に飛び出そうとしたり、命に関わるような危険なことをしたときは**「ストップ！」と大きな声でぜひ伝えてください。**そうでなければ子どもは気づきません。

しかし、静止したあとはそれ以上怒鳴ったりはせず、「何が危険なのか、どういう危険なことが起こるのか」をしっかりと説明します。そのうえで「してほしくないこと」を伝えるのではなく、**「してほしいこと」を具体的に伝えます。**

たとえば、「道路に飛び出さないで」ではなく「一度止まって右と左を見てから渡ってね」、「物を乱暴に扱わないで」ではなく「子ネコをなでるくらいの力でやさしく使ってね」という具合です。人は否定の言葉よりも肯定の言葉のほうが受け入れやすく、実行しやすくなります。命に関わるような緊急の場合には「ダメ！」と言うのはもちろん仕方のないことですが、緊急時以外は「してほしいこと」を子どもが理解しやすい言葉で伝えるように心がけてみると実行してもらいやすくなります。

【上手な叱り方】お友達のおもちゃを取ってしまったとき

OK

どうしてもそのおもちゃで遊びたかったんだね。
でも今度から「貸して」ってお願いしてから使うようにしようね

NG

なんでそんなことするの！
早く返しなさい！ わるい子ね！

子どもの気持ちを一旦受け止めたうえでルールを伝える

幼児期はまだ感情のコントロールがうまくできず、ルールが理解できていないことも多いです。

そのため、「使いたい！」「ほしい！」と思ったらお友達から奪い取ってしまうことがよくあります。また、「貸して」と言ってもお友達が貸してくれなかったなど、子どもは子どもなりに取ってしまう理由があるのです。

そのようなときは、「遊びたかったんだね」「どうしてもほしかったんだね」と、一旦子どもの気持ちを受け入れたうえで「それがいけないことである」ことを根気づよく伝えます。

いきなり怒られるよりも、一旦受け止めてもらえたことで「自分の気持ちを親にわかってもらえた」という納得感があるため、話を聞いてくれやすくなります。

【上手な叱り方】宿題をやらずにゲームをしているとき

OK

ルールを決めたよね。宿題終わってからゲームをするほうが気持ちよくできるよ。そのゲームが終わったら宿題をしようね

NG

宿題終わってないのになんでゲームなんかやってるの！
早く宿題をやりなさい！

子どもと話し合い、親子のルールを事前に決める

宿題よりもゲームやYouTubeなどの動画のほうが楽しいに決まっています。大人だって気が重い仕事をするよりも楽しいことを優先したくなるはずです。

「宿題を終わらせてからゲームをする」のは大人が勝手に決めたルールです。子どもがそのルールに納得していないのなら話し合う必要があります。そのうえで子どもが「ゲームをしてから宿題をする」と決めたのであればそれでいいと思います。

「目的は何か」を考えると「宿題を終わらせること」ですから、**ゲームが先でも本来は構わない**のです。しかし、「ゲームを始めると止まらない」ならば話し合い、「先に宿題を終わらせてからにする」「ゲームを1時間したら宿題をする」などのルールを親子で決めると子どもも納得性が高くなり取り組みやすくなります。

一度決めたルールでもうまくいかなければまた話し合い、変更する。そうした親子の話し合いで子どもも自分なりに考え、宿題をする方法や時間を模索していきます。

【上手な叱り方】ウソをついたとき

OK

事情を知りたいから正直に話してくれる？

NG

なんでそんなウソつくの！
ウソをつく子は出ていきなさい！

決して怒らず理由や原因のみにポイントを絞って聞く

子どもは怒られたくないからウソをつきます。ウソをつくということは自分のしたことがわるいことだと頭ではわかっているのです。でも怒られたくはないので宿題をしていないのに「した」と言ってしまいます。

しかし、たとえ宿題を今していなかったとしてもあとからやろうと思っていたのかもしれませんし、お風呂に入ったあとにしようと思っていたかもしれません。「今やりなさい」と言うのは親の都合です。もしも子どもがウソをついたら、「子どもは子どもなりの事情がある」ということを踏まえて子どもの事情や意見を丁寧に聞くようにします。

そしてウソをついたあとに正直に話をしてくれたのであれば、「**正直に話してくれてありがとう**」と必ず伝えましょう。そうすることで次から子どもは正直に話してくれやすくなります。

【上手な叱り方】友達と同じゲームを買ってと言ってきたとき

OK

○○君と同じゲームがしたいんだね。
そのゲームのことを詳しく聞かせてくれる？

NG

よそはよそ！　うちはうち！
○○君の家はよくてもうちはダメ！

頭ごなしに否定しない。子どもの事情も理解する

よくありがちなのが、「よそはよそ、うちはうち！」と言いつつ、勉強や習い事では他の家の事情をダシに使ってしまうことです。その矛盾を子どもは見抜きます。

思春期では友達同士でのゲームも大事なコミュニケーションのことがあります。頭ごなしに否定するのではなく、「なぜほしいのか、本当に必要なのか、いつ買うことにするのか、買わない場合はどんなことが考えられるのか」などを親子でしっかり話し合います。この「話し合う」行為が子どもに納得感を与えます。そのときに買ってもらえなくても、本当にほしい場合は「どうしたら買ってもらえるか」を考え、新たな「プレゼン」をしてくるかもしれません。話し合いや相手を納得させるまでプレゼンするという行為の繰り返しが、コミュニケーションの基礎になります。

子どもと話し合い、自分の気持ちを言語化できるような会話を日々心がけることで、**思考力、言語力、コミュニケーション能力が自然と備わっていきます。**

おわりに

ここまで子どもの自己肯定感の高め方をお伝えしてきましたが、誤解してほしくないのは「自己肯定感が低いからダメ」ということではない点です。もし子どもの自己肯定感が低いと感じてもそこから育み直せばよいのです。「自己肯定感が低くてもその子は大丈夫！」とそのままを認めてあげることが自己肯定感の育みの第一歩です。

そして、親も「できなくてもOK」と自分を労って（ねぎらって）ください。その労いと受け入れこそが親の自己肯定感となり、巡り巡って子どもの自己肯定感につながります。

最後に、ご多忙のなか、帯の推薦コメントをくださった『子育てハッピーアドバイス』シリーズの明橋大二先生に心から感謝申し上げます。また、編集担当として大変お世話になったソシムの蔵枡卓史さん、いつも私を助けてくれる子どもたちと家族に心からの感謝を贈ります。

２０２１年７月28日

著者

参考文献

- 「子育てハッピーセミナー・ガイド　Ver.4（子育てハッピーアドバイザー養成講座資料）」（一般社団法人ＨＡＴ、２０１８年）
- 「子育てハッピーアドバイス　大好き！が伝わるほめ方・叱り方」（明橋大二、１万年堂出版、２０１０年）
- 「子育てハッピーアドバイス　大好き！が伝わるほめ方・叱り方２」（明橋大二、１万年堂出版、２０１１年）
- 「子育てハッピーアドバイス　大好き！が伝わるほめ方・叱り方３」（明橋大二、１万年堂出版、２０１３年）
- 「アンガーマネジメントファシリテーター™ 養成講座テキスト　２０２０年度版」（一般社団法人日本アンガーマネジメント協会、２０２０年）
- 「アンガーマネジメント実践講座」（安藤俊介、ＰＨＰ研究所、２０１８年）
- 「自律する子の育て方」（工藤勇一・青砥瑞人、ＳＢクリエイティブ、２０２１年）

カバーデザイン　井上新八
カバー・本文イラスト　寺崎愛
本文デザイン・DTP　初見弘一（TOMORROW FROM HERE）

子どもの自己肯定感を高める「接し方・声のかけ方」

自分で考えて生き抜く力をもつ子に育てるコツ

2021年9月6日　初版第1刷発行

著　者　本多優子
発行人　片柳秀夫
編集人　福田清峰
発　行　ソシム株式会社
https://www.socym.co.jp/
〒101-0064 東京都千代田区神田猿楽町1-5-15 猿楽町SSビル3F
TEL：(03)5217-2400（代表）
FAX：(03)5217-2420

印刷・製本　シナノ印刷株式会社

定価はカバーに表示してあります。

落丁・乱丁本は弊社編集部までお送りください。送料弊社負担にてお取替えいたします。

ISBN978-4-8026-1330-9